夢分析の治療ポイント

心の病に苦しむ人に役立つ実践と事例

平井孝男
Hirai Takao

創元社

まえがき――本書の目的と概要

本書は、治療ポイントシリーズの第八冊目として、また『心の援助に活かす　夢の基礎知識』（創元社）の続編、実践・実例編でもあります。

夢の重要さについてはすでに、『心の援助に活かす　夢の基礎知識』のまえがきに記しましたが、肝心なのは夢が私たちの役に立つということです。その意味で今度は基礎編よりもさらに事例（自験例）を多くし、また実際の夢分析、夢治療がどのように行われるかについても少し述べました。

夢は「扱い方次第で理解でき役に立つものだ」ということが、納得していただけると思います。

夢は確かに治療を助け、生活を豊かに安全にし、希望を与え、真理や道理に気づかせてくれます。そして自分の知らない点を認識させてくれ、現実には体験できないことを経験させてくれます。ただこれは、夢分析や夢治療、夢占いをした結果そうなることが多いのです。

失礼ですが素人の方では、たいてい夢をしっかり思い出せないか、思い出してもさっぱり意味がわからない、という方が多いように思われます。逆にしっかり記憶に刻み込まれる夢は、恐ろしい悪夢が多く、それをどう取り扱っていいかわからず、かえって不安や恐怖、抑うつに苛《さいな》まれるのではないでしょうか。したがってせっかく素晴らしい夢を見ても、それを利用できないことが多いものです。だから「夢を活かす」には、それを助ける援助者（治療者、分析家など）が必要なのです。

そこで第1章では、実際の臨床における夢利用のやり方を幾つか挙げます。そして事例の前に、実際の夢利用や夢分析の実施方法や注意点を、例に沿って具体的に挙げていきます。夢は、火や水、酒や薬、お金や車などと同じく使い方によっては非常に有用ですが、誤った接し方をすると役に立たないだけでなく、人生を破滅させることになります。それゆえ、とても慎重な扱いが必要になるのです。したがって、夢利用の事例紹介の前に夢の治療ポイントの理論編とも言うべきものを示します。

その後、第2章と第3章では、臨床例を用いて、各種の心の病（ストレス性の障害、適応障害、パニック障害、強迫神経症、離人症（離人感・現実感消失症）、うつ病、心身症、慢性疼痛、境界性パーソナリティ障害、統合失調症など）で、夢がどのような治療的役割を果たしたかについて実例によって示します。

第2章では、比較的コンパクトにまとめた夢治療事例を紹介します。

第3章では、長期にわたる夢の事例を見ながら、夢の変遷と治療的展開を追います。夢の治療的発展段階や夢に見る治療的転回点、ターニングポイントの幾つかを挙げることになります。この章は量も多く、かなり興味深い夢も多く、本書の中心と考えてもらっていいでしょう。

第4章では、読者が実際に自分で夢を見たり、夢を利用するための解説をします。自分だけでは夢解読は難しいと述べましたが、一人だけでもそういうことに挑戦する方もおられるでしょうから、夢占い・夢解読の方法について記していきます。

第5章では、夢から出てくる象徴の重要性について述べます。ここは筆者の「象徴論」と思っていただければいいでしょう。

また、夢と象徴を踏まえた上で、自己実現・他者実現（他己実現）について記すことで締めくくります。他者実現とは聞き慣れない言葉かもしれませんが、筆者の造語です。自己実現というのは、自己の中にある、あるいは自己を構成している他者を忘れては成り立たちません。他者を忘れた自己実現ほどはた迷惑なものはありません。それゆえ、わざわざ他者実現という言葉を使ったのですが、これは「関係性実現」と言ってもいいし、「つながりの実現」と言ってもいいでしょう。愛や性と同じく人間関係は困難に満ちており、近年ますます「繋がりの衰亡」「関係性の喪失」が感じられる中、この困難な課題を取り上げました。

したがって、本書は「象徴の治療ポイント」「繋がりの治療ポイント」と呼んでもいいのかもしれません。

本書は、夢に関心のある人はもちろん、人生の岐路に立ったり、心の病で悩んでいる人たち、夢分析をしたり、夢を治療に利用している臨床家、あるいはこれから心の臨床家を目指そうとしている人なども対象にしています。

また、本書は「わかりやすさ」「有用さ」「面白さ」の三点を目指して記述し、実際にどのように役に立ったのか、どのように救われたのか、どのように立ち直ったのかといった実例を多く示しています。ここが類書と比べての本書の特徴です。筆者は、これまでの臨床経験の中で、少なくとも一万五千人以上の患者に接していますが、これまで彼らから聴取した夢は、五万以上に上っています。本書が出来上がったのは、ひとえに彼らのおかげだと感謝しています。

本書により、読者が少しでも夢の豊かさや神秘に触れ、人生を素晴らしいものにしていただくとともに、現在「心の病・問題」に苦しんでおられる方の助けになれれば、これ以上の幸せはありません。

それから、本書の成立に当たっては、先述したように、多くの患者さんから資料を提供してもらいました。ただ、本書ではプライバシー保護のため、いくらかの改変を加えたりして、本人と特定できないようにしています。

最後に、本書の成立にご尽力いただいた、編集者の林聡子さん、創元社の渡辺明美さんに深く感謝致します。

二〇二〇年三月一日

平井孝男

夢分析の治療ポイント　心の病に苦しむ人に役立つ実践と事例

第4章　夢利用（役立つ夢占い）のために

造本　中島佳那子
編集　林　聡子

第1章

臨床における夢～夢の治療的役割

1 心理治療における夢の役割

「まえがき」で夢が如何に素晴らしく、また如何に有益かを述べましたが、いよいよ筆者自身の夢にまつわる治療体験を記します。しかし、その前に、筆者の夢治療や夢利用（心理治療における）についての考えを少し述べておきます。

1 夢の治療的意味

まず、夢の治療的意味を整理しておきます。

①夢は表現する

夢に限らず、表現は治療の基本です。

自分の心や気持ち、意図・意味などを伝えることは、心のしこりが取れ、もつれや凝りがほぐれるだけでなく、ゆとりやリラックスが得られます。苦を話すことで、苦を離すことが可能になるのです（話すは、離すに通じる）。また、人とのつながりが回復し、それは本人に他者への基本的信頼感や自分に対する自信をもたらします。

一方で、表現するのは、恐ろしいことでもあります。せっかく、思い切って表現したのにあまり熱心に聞いてもらえなかったり、理解されなかったり、貴重な告白を粗末に扱われたりする不安があるのです。また、秘密が漏らされる心配もあります。聞いてくれた相手が、自分の打ち明けた秘密を、よい方でなく悪い方に使う心配もあります。そういうこともあり表現するというのは、結構恐ろしいことでもあるのです。

また、表現には難しい面もあります。自分の心が複雑過ぎたり、まとまりをつけにくかったり、うまく表現できない点も多いからです。これは、心の深層ほどその傾向が強くなるので、無意識は捉え難くなってきます。その点で、夢は自分の責任がある程度免除された形で表現されるため、深層の心の秘密を伝えやすいという点があります。

②夢は心の闇を照らす

夢は表現するだけでなく、いろいろな心の闇や隅々を照らしてくれます。その結果、自分の心の世界が見えてきます。無明から明に開ける体験は、安心や気づきをもたらし、大いに治療的です。夢はまた暗闇の中で、道や進路を照らしてくれる光明のようなものでもあります。私たちは、これを頼りに闇の世界を探求できるのです。

さらには、日頃隠されている心の闇との対決や付き合いを可能にします。こうしたことも心理治療に役立ちます。

③夢は心の整理を助ける

患者は悩みの中にいながら、自分の悩みの本質・原因などを掴めていないし、整理できていません。夢は現在の悩み・心境・状況だけでなく、過去も未来も整理して、方向性を指し示してくれます。部屋が片付くとすっきりするのと同様に、心の整理は患者を楽にし、今後の進路を提示してくれます。

④夢は課題を指し示す

夢の多くは、何らかのテーマ・主題・題目・根本的意図・中心課題などを有していることがあります。一方で、患者は混乱していることがよくあり、自分の真の課題が何であるかわかっていません。たとえ気づいていたとしても、怯えのためにそれをはっきりと認めたり、自己の課題に向き合ったりしにくいのです。

だから夢の助けを借りて（治療者の助けも借りながら）、夢の確実な解読を通じて、じっくり自分の課題と向き合っていけると治癒への道が開けるのです。

⑤夢は感情発散を助ける

カタルシス（浄化）は、癒しに通じます。夢により、怒りや依存性など日頃抑圧しているものが表面に発散されるのです。これは、患者を楽にすることがよくあります。

⑥夢は情動をイメージに変換してくれる

情動は、怒り・恐れ・喜び・悲しみなど、どちらかと言えば原始的・本能的で未分化な感情で無意識のままにとどまっていることが多いです。患者の多くは情動を意識化できず、無意識のままでいることがありますが、それは精神的肉体的によくない変化をもたらします。情動は意識して感じる時でさえ、頻脈、呼吸促迫、冷や汗、腹痛、頭痛などの身体的変化を伴いますが、無意識のままでいるともっとひどい身体症状や心身症、癌のような重病を来す場合があります。

さらに無意識的で未分化な情動は、患者に、種々の行動化（過食、自傷行為、大量服薬、家庭内暴力、買い物依存、ギャンブル依存、セックス依存など）を起こさせ、患者の心身や生活を破壊します。夢がこの激しい情動をイメージに変換してくれることで、心は安らぎ、身体への悪影響や悪しき行動化を防いでくれるのです。これのみならず、変換されたイメージが多くの気づきをもたらしてくれます。

情動や無意識は、たとえてみれば火のようなもので、そのままだと火傷や火事を起こして危険ですが、うまく使うと、暖房や照明、調理といったように、人間に益をもたらすのです。

⑦夢は知らせてくれる

患者は苦しんでいますが、そこから抜け出したり苦しみとの付き合い方に無知であることが多くあります。夢は、その苦しみの「解決策」や「生きる智慧」といったものを知らせてくれます。また、夢は患者に対して、予知や警告や展望といったことを与えてくれます。夢は神のメッセージでもあるのです。

⑧夢は生命力を引き出してくれる

夢により、生きているという実感を持てる場合があります。患者の多くは、エネルギーや元気、活力に欠けていることが多いものです。しかしそういう時に、逆に夢の中で生き生きと動いている自分を発見し、生命力を取り戻すことがあります。これは夢の補償作用でもあります。

⑨夢は楽しさや生きる喜びをもたらしてくれる

これも補償に関係しますが、患者が悲しく苦しい現実にいる時、夢が反対に幸せで楽しく活動している自分を見させてくれる時があります。

夢は、本人のもう一つの面を提示してくれ、いつも夢見手の味方をしてくれるのです。

⑩夢は勉強になり知識を増やしてくれる

夢は、多くの「もの」や「こと」を教えてくれます。それは、単に象徴だけではなく、森羅万象にまつわる知識や智慧です。そして、そうした知識は患者を豊かにし、治癒を助けます。

⑪夢は美に目覚めさせてくれる

患者の多くは、自分が劣等で醜いと思い込んでいます。そんな時、美しい夢を見たりすることがあると、患者は自分の美に目覚め立ち直っていきます。

⑫夢は行動させてくれる

夢は、日頃できないことをさせてくれ、行きたいところへ行かせてくれます。夢の中で怒りを出したり、自己主張したり、拒絶できたり甘えられたりといったことが可能になると、それがきっかけで現実でもできるようになります。

多くの患者は、行動力を制限されていることがありますが、夢がきっかけで種々の能力が復活したり、回復することがあります。

⑬夢は許してくれる

患者の多くは、悪性の自己否定、悪性の罪悪感に悩んでいますが、夢により罪悪感が減ることがあります。たいていは、神仏、観音様、マリア様といった超越者が多いのですが、両親などの人物や動物から許しを得ることもよくあります。

そういう患者の多くが、「生きていていい。生きていることを許されていると思えた」と言う場合があります。

⑭夢は想像力と自由感を増してくれる

心の病とは、「想像力と自由感の欠如である」と言われています。

夢は逆に想像力や創造力を増してくれるので、患者は夢を見ることで想像力を回復し、それは視野を広げさせ囚われから脱出させてくれます。

⑮夢は創造の源泉である

治療は、一種の芸術作品でもあります。それは、患者と治療者の共同作品でもあります。

多くの芸術作品が夢によりもたらされ、幾つかの科学上の発見や発明も夢の助けによっています。それと同じように、治療も患者の夢だけでなく治療者の夢も使った、共同作業となってくるのです。

このように患者の多くは、夢の創造性に助けられ治癒に向かいますが、逆に治癒だけでなく創造力も得られたと言う患者もよくあります。

2 夢治療の技法（夢をどう治療に役立てるか）

1 治療の基本原則と夢利用

夢は、まことに不思議で神秘に満ちています。また人間を変容させ、治癒に導く力を持っています。しかし、夢は火や水のように危険な存在でもあり、取り扱いに注意を要します。

特に強調しておかねばならないのは、治療者はあくまで患者を治療することが目的であって、患者に夢を持ってこさせたり夢を分析することが第一目的ではないということです。治療の過程の中で、やむを得ず夢が必要になる時に、夢を扱えばいいのです。

夢分析のためには、何よりも心理治療そのものに習熟しておく必要があります。そこで夢を扱うための前提となる、いわば下ごしらえとも言える心理治療の基本内容から述べていきます。

2 治療の基本作業

心理治療のやり方に一定の方法がないのと同様に、夢治療に決まった順序があるわけではありません。治療は患者の状況のみならず、治療者の事情、その他の多くの要因によってまさに千変万化の様相を呈します。しかし如何にばらばらと言っても、そこには最大公約数的なものがあるので、それを幾つか記していきます。

①傾聴、積極的関心、受容、共感的理解、尊重的態度

まずは、患者の話を聴くことが基本になります。

たいていは、患者の言うことを熱心に（と言っても、熱意をそんなに出さずに控えめな方がいい）、積極的に関心を持ち、あれこれ批判する前にまずそのまま受け取ろうとし、また相手の立場に立って理解しようとすることが望ましいです。

その時、聴いている治療者の方にもさまざまな感情が湧きますが、それは治療の鍵になる場合が多いのでよく感じ取っておくことが大事です。

患者は多くの場合、自信や希望を失い、自己否定の状態にあります。治療者は、その辛い現実と苦難の歴史を尊重しながら聴くことが大事になります。

②聴いておく内容

漫然と聴いてもいいですが、筆者は次のことに注目して聴いています。とはいえ、それにあまりこだわらないようにしようとは思っています。

◆病歴（問題点や困難、病気の経過、背景、原因・要因）

◆治療歴、カウンセリング歴、相談歴（過去の治療内容に問題点の核心が隠れていることも）

◆家族歴
◆成育歴
◆一日の生活状況（意外と忘れやすいが、患者を知る上で患者の生活内容はとても重要）
◆人間関係、社会関係状況
◆治療者に望むこと、一番治してほしい点、解決してほしい点（これも言えないことがしばしばある。言えなければ、言えないという事実が大事なので、無理に追求しなくてもいい）

といったことですが、もちろんこれに囚われる必要はないので、自由に聴いていけばいいでしょう。ただ、自由自在に傾聴するためには、ある程度の法則を知っておいた方が、自由に聴きやすいというのも事実です。

また、以上の内容は一回だけで聴き出せるものではないので、じっくり時間をかけて明らかになるのを待てばよいのです。

③治療目標、カウンセリング目標の明確化と治療契約

心理治療において目標の明確化は必ずしも必要ではありませんが、しておいた方が安全です。特に健康度が低い患者の場合は、後のことを考えれば必要性が増してきます。ただし目標がはっきりできない場合もありますが、その時は「目標をはっきりさせること」を目標にしてよいでしょう。

しかし「存在すること自体が不可能」「生まれてこなければよかった」といった重症例の場合は、治療の枠組みの設定作業より「存在していていいんだよ」「生きているだけでいいよ」という温かい雰囲気で包み込むことの方が大事です。治療の枠や目標に、こだわってはいけません。

次に大事なことは、治療契約の締結です。これも健康度の高い患者であればそう必要ではないかもしれませんが、健康度の低い患者であれば、枠を決めておく方がよいでしょう。すなわち、治療目標の確認、治療が共同作業であり主役は患者であること、治療中の自傷他害行為の禁止、治療の回数・時間・料金、治療場面以外での治療はできないといったことを患者と契約しておくことが大事です。

というのは、治療中は時に苦しくなる場合があり、その苦しさゆえに破壊的な行動（自傷他害行為など）に走る場合があるからで、それを予防するためです。

目標とルール作りは必要ですが、必ずしもこれにこだわらなくてもいいですし、この点に患者が疑問を唱えれば、その点について話し合うことがよいでしょう。

それから治療目標に関して、患者は幻想的治療目標を持っていることが多いので、これを現実的治療目標に修正しておくことが望ましいです。

例えば、「不安の消失」「うつが全部消えてすっかり元気になる」「悩みも苦しみもなくなる」といった幻想的治療目標です。患者と話し合って、より現実的な治療目標、すなわち「不安、うつ、苦しみの軽減（消失ではない）」「不安、うつ、苦悩を受け止める、またはそれらと上手に付き合う」といったことに変更する作業も大事です。

現実的治療目標と言っても、人によってさまざまです。本人自身も何を求めているかわからないことがありますが、一応筆者は「生きやすくなること」「安らかになること」「自己実現が可能になること」「納得した生き方ができること」といったことを考えていますが、それは仮の目安であって、こだわっているわけではありません。

④患者との波長合わせ

心理治療は共同作業だと述べましたが、その通りで、患者と歩調を合わせて取り組む必要があります。

患者が物事の解決を急いでいる場合には、一応それに従う方がいいし、とりあえずは話を聴いてほしいという時には傾聴することでいいのです。またいろいろな質問をしてくる患者には、それをともに考えたり、直接答えてあげたりするとよいでしょう。何を話していいかわからない場合には、こちらが適度にわかりやすい質問をするなどして患者の話を引き出していきます。沈黙しがちな人には、その沈黙が良性の沈黙であれば、そのまま沈黙を受け入れてそれを尊重しておけばいいのです。

ただ波長合わせは、「患者の言いなりになる」ことではありません。もし患者の言動の中で、明確にした方が患者のプラスになると思える場合は、質問していってもいいでしょう。そのままにしておかない方がいい場合は、どちらかと言えば穏やかな適切な介入をすることが大切になってきます。

また、治療中に行動記録（生活・感情記録でもある）を使用したり、薬を使ったりする場合もありますが、それもよく話し合って合意の上で行う方がよいでしょう。

⑤治療中の困難を正しく扱えること

治療がすんなりいく、つまり治療目標が設定されて、面接心理治療を続けていく中で、患者が自分の問題点に気づくと同時にその解決もわかってきて、一応治療が終了（一時の別れと言った方がいい場合もある）するといったケースもあることにはありますが、それはきわめて少数派です。

たいていの場合は、治療中に多くの困難を生じます。

例えば、面接中の悪性の沈黙・その逆の過度の多弁、面接してかえって苦しくなる、困惑（どうしていいかわからなくなる）、症状のぶり返し、抑うつ・不安の出現、絶望感・希死念慮、不適切な過度の怒り、治療への疑問、治療者不信・逆の過度の治療者への愛着（過度の不適切な転移）、妄想・精神病傾向の出現、話がまとまらなくなる、治療者の質問に対する答えがそれてばかりいる、治療者の言葉が伝わらない、不適切な欠席などさまざまな治療困難（精神分析で言えば治療抵抗）が生じてきます。

これに対して、治療者はこれらを自然な現象として受け止め取り上げながら、困難の性質・意味とその困難をもたらす背景を、患者とともに考えていく必要があります。こうした作業の中で、患者は新たな気づきと可能性を手に入れていくことが多いのです。

筆者の実感ですが、治療の核心的作業は、治療困難の取り扱いにあるという気がします。つまり、治療の出発点になる症状や問題点は、それまでの患者の歴史の総決算でもあるので、その症状・問題点の解決にはその歴史の見直しが必要になってくるので、困難に見舞われて当然だろうということです。

⑥症状を活かす、症状は出発点

症状や問題点の解決と言っても、その消失を目的にするわけではありません。もともと症状といったものは、人間の実存的条件、人間の諸特性から出てきているものなので、その消失などは無理な話なのです。不安、不眠、抑うつ、頭痛などを考えてみたらわかるでしょう。

だから症状の消失より、「症状を活かす」ことを考えたらいいのです。

もちろん症状が強過ぎて苦痛が多過ぎる場合は、人間の諸活動が制限されることもあるので症状をできるだけ和らげることを考えねばなりません。同時に症状の意味、起源、目的を探りながら、「症状を受け止める」「症状を持ちながら適切に行動する」「症状の意味を深く知り、生きる智慧を深める」といった形で、「症状を活かす」ことが大事なのです。

この意味で、症状は夢と同じく、よりよく生きるための出発点なのです。

⑦まとめ

以上の①から⑥までの治療作業は、順番に行われると言うより、それらが同時並行的に起きたり、また最初から治療困難が出現しそれを取り扱う中で、治療契約が成立するといった場合もあります。だから、これらはとりあえず治療のどの場面でも考えておかねばならない基本だと押さえておく必要があります。

　こうした基本的作業だけで治療が達成されることはかなりあり、何も夢分析・夢治療が必要とは限りません。しかし夢のおかげで治療が進むことも多いので、やはり夢は重要となってくるのです。夢を治療に活かすにはさまざまな工夫が必要なので、それを記していきます。

3　夢治療の実際

夢治療の始まり

　治療の基本を押さえましたが、必ずしも夢治療が必要ではないということもわかっていただけたと思います。それではどんな場合に夢が使われるのかを、考えてみましょう。実際に夢治療が行われる場合はさまざまで、そのやり方も多岐にわたります。それを踏まえて、まず夢治療の始まりの部分から説明します。

　治療と同じく、夢治療にもマニュアルはありません。一つひとつが個性と新鮮さを持つので、定石や規則に無理にこだわる必要はありません。

①夢分析を最初から求めてくる場合

　いきなり「夢分析をしてください」と言う患者は、そんなに多くありませんが、いることはいます。そんな場合でもただちに夢分析に入るのではなくて、夢分析の目的（夢分析に期待する点）

を聴いたり、夢分析を望む背後の事情を聴く方が無難です。本人の現在の状況、問題点・課題、一通りの成育歴・家族歴なども聴いた方がいいでしょう。

また、夢分析に対するイメージやこれまでの分析歴、治療歴や相談歴も、あれば聞いておく方がよいです。しかし、本人がそれに抵抗を示したり嫌がっている場合には、そういった詮索めいた探求は急がない方がいいでしょう。

②治療初期から夢治療をする場合

一応、患者の問題点・症状や事情などを聴き、治療目標の設定や治療契約が結ばれる時点で、本人が夢を見ることが多いことがわかり、その夢を利用する方が本人の問題探究にいいと治療者も患者も思えば夢を使うことになります。

特に、本人がそれに同意することが必要です。

③治療の途中で夢を使う場合

治療中に本人が夢を見たと自発的に報告する場合は、それは取り上げることが多いです。夢を続けて持ってくる場合も、治療に有用と判断される場合、夢治療を続けていきます。

治療者が夢を使った方がいいと判断した場合（「抑うつや不安やイライラ・ももやもやの原因がわからない。何も思いつかない」と言う時、何かを判断・決定する場合に迷っていて意識面で話し合うだけでは解決しにくい時など）、には夢を見るかどうか聴いて、もし見るようだと、患者に持ってきてもらいます。

単発的に夢を持ってくる場合もあります。例えば、大きな治療的変化が起きそうな時、あるいは何か一山越えた時など、夢が報告されることがあります。もちろん、それにかかわらず夢を思いがけない時に持ってくることがあるので、必要適切と思えば使っていいでしょう。

繰り返し強調しておきますが、あくまで本人の治療が最優先で、夢分析は治療に役立つと思った時にするのが自然です。初心者で夢好きの治療者に多く見られるのが、患者に夢を持ってくることを強要したり、夢を見ないことであからさまに不満を示すことがあるようです。治療を目標にするなら、そうした態度は慎まなければなりません。「夢を見ない」というのも、立派な患者の表現だからです。

④夢を見ないという患者に対して（夢治療を導入する方がいいのに）

夢治療に同意したにもかかわらず、夢を見ないという患者は結構います。そんな時は、「夢は必ず見ているが覚えていないだけ」ということを説明した後、毎日夢を思い出したかどうか記録をつけてもらいます。こうすると、かなりの人が夢を思い出します。

しかし、それでも「夢を見ない」という患者もいるので、それはそれでその態度は尊重しなければなりません。そして、夢を何故見ないのか思い出さないのかを考えていくことが大事です。

夢の扱い方

続いて夢の扱い方ですが、まず夢を書いたり話してもらいます。そして次のような点に注意しながら、夢分析・夢解釈・夢治療を行います。

◆夢見手の語る夢は、曖昧だったりはっきりしないところもあるので、疑問点は治療者が聞いたりして、できるだけ正確に夢を再構成する。

◆患者に夢の連想を聞く。いろいろ連想が湧く場合はそれはそれで聞き取り、治療的に大事だと思える点を話し合っていく。その後、連想を追っていくか、夢を中心にして夢から離れずに連想していくか、その中間の態度を取るかは、患者の波長に合わせて自由自在にする。要するに、自由連想法も増幅法も患者の治療のプラスになるかどうかを考え、適切に使い分けていくということである。

◆連想が湧かないし、どう夢を扱っていいかわからないという人には、次のことを聞くといい。

・全体的印象、特に印象に残る点
・個々の事物、動き、現象などに関する連想
・夢全体の連想
・夢の主題（根本的意味）
・夢のメッセージ・目的（夢は何を伝えようとしているか、何故この時期にこの夢がもたらされたのか）
・夢から考えられる自分の状況
・夢が提示する課題
・夢に題をつけるとしたら、どんな題名をつけるか？

これについて、答えられる患者はいいとして、答えにくいという人には、治療者が「私自身の

連想を言う方がいいですか」と聞いて、本人の反応を見るのがいいでしょう。「是非言ってください」と答えた場合には、筆者は言うことにしています。その方が患者の連想を引き出しやすいからです。

患者に治療者自身の連想を言うことで患者の連想が制限されたり影響されたりするので、好ましくないという意見も一部にありますが、それでは「治療者の沈黙」が悪影響を与えないのでしょうか。筆者自身は、多くの患者が以前の夢分析で「治療者が何も言わないので訳がわからず失望して止めてしまった」という話を聞くこともあり、沈黙を守り、治療者が自分の感想・連想を自己開示しないのも患者にそれなりの影響を与えると思います。何も言わないのも一つの「沈黙という自己開示」なのです。

要するに、治療者のどのような、どの程度の自己開示が適切なのかを考えることが重要なのでしょう。ただ、この治療者の自己開示の問題については非常に複雑なところがあるので、これはまた別の機会に論じます。

いずれにせよ夢分析も患者と治療者の共同作業、ユングの言う弁証法的対話療法、共同連想だということを忘れないでおきたいものです。

ユングの弁証法的対話療法と共同連想

筆者は、治療や夢分析の場合、ユングの言う「弁証法的対話療法」を指針にすることが多いです。これは、相互に話し合うということです。

夢分析の場合も同じて、患者が「まったく連想が湧かない」と言う場合、本人の賛成・承諾を得て、治療者の連想を告げそれを刺激にしてもらいます。この時、大事なのは「私の今から言うのは自分だけの勝手連想ですので、信じ込まずに自分で考えてください」という前置きと、連想を複数言って患者自身が一つに凝り固まらないように気をつけることです。

例えば、水溜まりの夢を見て連想が湧かない場合、筆者は患者の賛成を得てから、治療者の連想（水からは、生命力、感情、エネルギー、水商売、お金、流れなどいろいろな連想が湧くといった形で）を言って、それを聞いた反応を待ちます。

また本人の夢の連想が一方的で、このままにしておくと有害になりそうな場合は、治療者がふわっとした柔らかい調子で疑問を投げかけ対話を始めます。

そして互いに連想を話し合って、一致するところまで話し合います。すなわち「共同連想」を重視しているのです。

初回夢の重要性

初回夢は展望夢とも言え、今後の治療の指針として重要なものです。もちろん、夢分析に入る前の意識的な話し合いも大事です。

意識的な話し合いが「治療の入り口の表の面」としたら、初回夢の方は「入り口の裏の面、影の面」を表すのかもしれません。

夢が多過ぎる場合

患者の報告する夢が多過ぎる場合は、大事だと思える夢を幾つか絞って検討します。もちろん患者の意見を参考にしますが、治療者もある程度意見をさしはさみます。

夢治療が治療の抵抗になる場合

夢が多過ぎたり、夢にばかり話題がいって、患者の問題がなかなか解決しないことがあります。いわば夢を逃げ場に使っている場合があるのです。この場合は、時期を見て治療者が率直にそのことを告げ、話し合った方がいいでしょう。

こういうことで治療が正しい方向に向かうことが多いのですが、患者が、もし夢分析をもっと続けてほしいと言うようであれば、本人の意見を尊重することもあり得ます。

夢分析を禁止した方がいい場合

以下の場合は、夢分析を禁止する方がいいでしょう。

◆夢とともに妄想・幻想・空想などが溢れ出し、不眠、錯乱状態になっていく場合
◆夢により躁状態が誘発されやすい場合

◆夢により自我肥大の傾向が大きくなり、不適切な行動が起こりやすくなる場合などですが、夢は火や水と同じく怖い面があることを留意しておきましょう。

3 夢治療の実例に関して

1 患者の夢

実際の患者が持ってくる夢はさまざまです。病気、病状・症状に応じて変わってくると一般には考えられがちですが、そんなはっきりした特徴・傾向があるようには思われません。

しかし、これも広く探ってみると疾患ごとに何らかの傾向が出てくるかもしれませんが、それは別の機会にまとめてみます。とりあえずは、夢の実例を幾つか挙げてみます。

行為の夢

夢の中で夢見手は、いろいろな行動をします。それは能動的に行動する場合もありますが、多くは受動的に何かされている（追われる、襲われる、捕まる、殴られる、殺される、怒られる、いじめられる、からかわれるなど）夢の方が多いようです。

夢の解読に当たっては、この行為の夢が受動的なものか、能動的なものか、その両方が入り混じっているのかを見ていくことが大事です。

行為の夢は、その人の不安を表すことが多いですが、反対に願望の表現であることもしばしばあります。また現実そのものを表す場合もあれば、現実のもう一つの隠れた面を表すこともあるし、現実を補償してくれる場合もあります。いずれにしても、行為が中心テーマになる夢を見たら、その普遍的意味と同時に、その行為（される・する）の自分にとっての意味を考えることが重要です。

①追いかけられる夢、逃げる夢

これは実に多くの患者が見る夢で、特にパニック障害、不安神経症、不安の強いうつ病で見られることが多いですが、どんな人にも現れる「普遍的な夢」です。

こうした夢を見た時、「誰から、何から追いかけられているか」「何故追いかけられているか」「どこに逃げようとしているのか」「この夢がこの時期に出てきた理由は？　目的は？」といったことを治療者が念頭に置きながら、患者の連想を聞いたりしていくと、いろいろなことが引き出されてきます。

◆不安・恐怖の中身（死の恐怖、病気の恐怖、事故の恐怖、発狂恐怖、嫌われ恐怖、怒られ恐怖、無視され恐怖、裏切られ恐怖、孤独の恐怖、失敗恐怖、将来の不安、このまま空しく人生が終わっていく不安、希望が達成されない不安、何をしでかすかわからない不安、自殺するのではという不安など）が徐々に明らかになる。

◆不安を強めるもの、不安を和らげるものについて探っていける。

◆減らせる不安は、減らしていくように目標を設定できる。

◆減らせない不安に対しては、「その不安の受け止め方・付き合い方」「不安を持ちながら適切な行動をし、不適切な行動を控える方法」を話し合える。

◆減らせる不安と減らせない不安の区別をつける智慧が身につく。

といったことで、こうしたことが明らかになるだけで、患者はずいぶん楽になります。

②侵入される夢

これもよく出てきます。例えば「自分の部屋に見知らぬ人がいた。どこから入って来たのだろうかと思い怖くなる」「学生の時の嫌な奴が部屋に強引に入り込んで来ている」「恐ろしい男が家に入って来そうになるが、必死で扉が開かないようにしている」といった夢があります。

これらについて患者と検討していくと、「何かに脅かされている」「何かされるのではという心配をしている」「家や部屋は、自分の心のようなもので、その心に何かが侵入してくるのが恐ろしい」という話になってくることが多いです。

続いて、夢の解読という共同作業が進行する場合、侵入者とは誰か、侵入してくる者・ものについての連想は？　といった話し合いになります。

そして、実際の人間に侵入されるという心配も出てきますが、自分の心に異質のものが入ってくることの心配（例えば、穏やかな自分の心の中に「人を攻撃したい気持ち」が入ってきて、実際に相手に何かしでかすのではといった不安・恐怖が侵入してくる）といった場合もあります。こうした場合も、侵入者について十分検討していく中で、侵入されることの意味、侵入された場合の結果、侵入に対してどうしていくのがいいのかを話し合えると治療的になります。

なお、侵入されないように必死に抵抗している場合は、少々危ないことや危険なことが襲ってきても自分を守れるという自信と考えられる場合もありますが、かたくなに自分の心を閉ざし過ぎているという場合もありますし、また他の解釈も可能です。

要するに、人生はいつも何かの侵入にさらされており、その侵入に対してどう向き合うかが問われているのでしょう。

③捕まる夢、拘束される夢

追われるだけでなく、実際に捕まってしまう夢も多くあります。例えば、「魔女に捕まり塔に幽閉される夢」「秘密組織に捕らわれてしまう夢」「海賊に襲われ逃げられない夢」といったようなものです。

このような場合は、「捕まえられること」「拘束されること」から出発して、「拘束してくる者」

「現在の自分を拘束している要因・状況」「拘束される原因」などを考えていきます。それは、夢見手の事情・状況によってずいぶん変わってきますが、おおむね「困難な事態に入り込んで展開・展望が見えない」ということが多いです。一方で「こんな形で拘束されたままでいたい」という願望の表れである場合もあります。

それゆえ、こうしたことから「今がストレスの一番強い状態だから、じっとしているのがいい」「何もせず今の困難状態がどうなっていくか、じっくり見ていってやろう」という考えが出てきて落ち着く場合もありますし、「拘束されていることのメリットとデメリットは？」ということを深く考える機会にもなります。

侵入と同じで、拘束も人間生活にとって重要なテーマなのです。

④失敗する夢、ミスする夢

これもかなり多いですが、特にうつ病やパニック障害、不安神経症になったりして会社に行けなくなる人に多く出てきます。例えば、「仕事でミスが多い」「仕事に行ってもうまくいかずトイレに逃げ込む夢」「皆の前でプレゼンテーション（発表）をしなければならないが、うまく喋れない」「何とか話せるが、周りにわかってもらえず会議がぐちゃぐちゃになる」「試験で失敗する」といった夢です。

こうした夢の背景には、「失敗恐怖」「完璧強迫」「自信のなさ」といったものが隠れていることが多いです。その場合は失敗にまつわる歴史や気持ちを聞きながら、失敗という現象を検討していくことになります。

その結果はさまざまですが、「注意・努力すればミスや失敗は減るかもしれないが、それでも完全に避けられないので、失敗しても構わないという覚悟が必要になる」「失敗は辛いが、それで全てが駄目になるわけではない」「失敗を反省して次につなげれば自分の成長の機会になる」「失敗を恐れるあまり、萎縮してしまい何も行動しなくなる方が、いっそう失敗が大きい」「失敗恐怖がある方が、注意や集中力が増して、かえって失敗が少ないというメリットもある」といった話し合いになれば建設的になります。ただし、自信喪失がより深刻な場合は、その点についてもっと話し合いを深める必要があります。

また、どこかで「失敗してこの世から引きこもりたい」という気持ちが眠っている場合もあります。その場合は、治療者は患者の気持ちを尊重しながらそのことについて話し合い、引きこもり欲求についても詳しく話し合います。

⑤怒られる夢

ミスをする夢とセットになることが多いですが、「上司に怒られる夢」「学校の先生に怒られる夢」「休職になって妻や母に怒られている夢」なども頻繁に出てきます。

これは「怒られ恐怖」を表していることが多いですが、同時に「人格を否定される恐怖」「理解されないのではという不安」でもあるし、「認められない辛さ」「誤解されていることの不満」の表現だということが、患者の話によって明らかになることがあります。

この場合は、叱責されることや怒られることにまつわる恐怖、不安、辛さなどを共感的に聴くと同時に、怒られることの意味を探っていきます。それにより、患者が、会社内の人間関係の中では「怒られるのも仕事のうち」「叱責は自分を高めてくれる注意・贈り物と受け取ろう」という前向きの考えになる場合もあります。また、怒ってくる相手の気持ちを理解しようとする「広がりのある態度」が開発される可能性もあります。

これらの夢も、うつ病・不安障害・強迫神経症（強迫性障害）などで多く見られます。

また反対に、怒られることをほしている気持ちが潜在している場合があります。この場合は物足りなさやもやもや感、自分にとって重要な人物が本気で自分と向き合ってくれているのかという疑問が隠れていることがあります。

さらに、自分自身に怒りを向けている場合もあります。その場合も、自分のどういう点が不満で嫌なのかなどを話し合うとよいでしょう。

⑥怒る夢

相手に対して、怒る・怒り返す夢も出てきます。「今の上司に怒りを込めて言い返している」「前の学校の先生にひどく怒っている」「両親に対して激しく怒っている」といった夢が多いです。

こうした時、夢見手の多くは、当惑したり軽い罪責感を抱くこともありますが、自己主張や自己表現能力の増大、拒絶能力の現れである場合が多いです。あるいは、強いストレス状況に置かれている時や、かなりの不満が溜まっている時に出てくることもあります。

こういう夢の場合は、自分にとって「怒る」ことの意味や、それについての連想を聴くことが多くなります。

連想は夢見手により多様ですが、「夢で初めて怒ることができた」「（治療者と話し合って）怒っても構わないと思えるようになった。今までは怒ることを怖がり過ぎていた」という人がよくいます。夢の中で怒りが発散できて、すっきりしたという人もいます。

こうなってくると、怒りのプラスの意味（感情の発散、正直な気持ちの伝達、変革のエネルギーなど）を話し合うと同時に、怒りの上手な出し方について話し合うと生産的になります。

怒りの夢を見た後は、おおむね患者の自由感が増し、治療がよい方に展開する場合が多いです。特に内向的な人、抑うつ性格の人、罪責感が強く自分ばかり責めている人などで、こういう夢はプラスに作用するようです。

しかし、「怒っても怒っても手ごたえがなく疲れてしまった」という夢の場合は、怒りのマイナス面も念頭に置きながら検討した方がよいでしょう。

普段怒らない人が「怒る夢」を見た時は、好転のしるしだと考えられています。一方、普段怒ってばかりいる人が、夢の中でも怒っている夢を見る場合は、事態の深刻さを表していると考えられます。しかしこれらは、一般化できません。

⑦遅刻する夢

「会社に遅刻する」「学校に遅刻する」「電車に乗り遅れる」という類も、患者の多くが見る夢です。遅刻を中心に話を聞いてみると、「遅刻を恐れていること」「遅刻したら大変なマイナスになると思っていること」「重大なチャンスや幸運を逃すのではないかと不安がっていること」といった遅刻不安に関連する気持ちが浮かび上がってくることが多いです。

もちろん、それだけでなく、「遅刻してはいけない」という警告のようなものとして感じられる場合もあれば、「今現在ちょっとした遅刻も遅れもミスも許されないストレス状況にあること」を示している場合もあります。

さらには、そういったストレス、義務、負担から逃れたい、遅刻してそういう義務を回避したいという気持ちの表れでもあることが多く、自分の目指している目標が高過ぎていることを表している場合があります。あるいは、目標に至るまでの計画の不十分さを意味しているかもしれません。

治療者と患者がこうした点を話し合い、「遅刻の意味」「遅刻の持つマイナス面だけでなくそのプラス面（休養、危機回避、考え直すなど）」「遅刻をしない方法の探究と逆に遅刻しても構わないという覚悟を持つことの重要性」「実際に遅刻をした場合の必要な対応」などについて話し合ううちに、適切な解決が得られる場合があります。

それは例えば、ストレス状況を見直して負担を軽くする、予定通りにいかなくても構わないと覚悟する、予定通りにいかない場合の対応も考えておく、自分の目標をもう一度再検討するといったようなことです。

⑧忘れ物をする夢

忘れ物の夢も多く、例えば、「会社に行くのに鞄を忘れる夢」「海外出張している時にパスポートをどこかに置き忘れた夢」「大金を置き忘れた夢」「人から預かった大事な物を忘れる夢」といったようなものです。

失敗する夢や遅刻する夢に似ていますが、やはり夢見手の気持ちを聞いていくと、「忘れ恐怖」「忘れてはいけないという状況」「ストレス状況」に置かれていることが多いです。一方で「忘れたがっている気持ち」「義務から解放されたい気持ち」の表れである場合もあります。

こんな時は、「忘れることの意味」「忘れることのデメリットと忘れることの有用性（楽になる、空きができてゆとりが生ずる）」「忘れてはいけないものと忘れてもいいもの」「忘れた場合の対応」についての話し合いがなされると、患者のプラスになることが多いでしょう。

遅刻と忘れることの夢は、うつ病、不安障害、心身症、適応障害などストレス状況に置かれている人に多く出ます。

いずれもうまくいく場合は、ストレスの意味を考え、ストレス状況を招いた自分の歴史を振り返り、ストレスの対処法を学び、悪性のストレスと良性のストレスの区別を考えていくことで、より豊かでゆったりした人生が開ける可能性が出てきます。

⑨悪戯する夢

悪戯《いたずら》する夢は、今までの夢に比べ数は少ないですが、時折出てきます。「会社の中で悪戯をする夢」「授業中にふざけたりする夢」などです。

　これは表面的には「会社で仕事もせず悪戯してしまったらどうしよう」「本来課せられている業務や課題からそれたことをしたらどうしよう」という不安の表れでもあります。よく聴くと会社や上司、学校の先生に不満を持っていて、そうしたことをわかってほしいという気持ちが隠れていることが多いです。さらには、仕事や勉強に飽きてきて、何か別のことをしたがっている気持ちの表れであることもあります。

　一番よく聞く連想は、「周りに自分を理解してほしい」「周りから注目されたい」「もっと自分をアピールしたい」「自分の隠れた面をわかってほしい」といった自己顕示欲求が多いです。そして、患者はそうした顕示欲を恥ずかしく思っていることがよくあります。

　治療者は、患者とともに、悪戯やふざけについて考えてみると同時に、自己アピールや自己顕示欲はとても大事な欲求の一つであると肯定的に捉え、上手な自己顕示の仕方（例えば、自分からべらべら喋るよりじっと黙って聞き手に徹する方が注目されることがある）を探るといいでしょう。

　それとともに、自己顕示欲に執着することの危険性や、その執着から自由になる方が周囲に受け入れてもらいやすいことを話し合えると、患者の気持ちや対人関係が好転することになります。

　トリックスターは悪戯好きですが、スター（星）であり、世界を変える力を持っているのです。

⑩会社で働いている夢

　「会社で働いている夢」「バリバリ働いている夢」「昔一生懸命働いていた夢」を見る患者もあり

ます。

これについての連想は、「もっと働きたい」「頑張って働いていた頃が懐かしい」という連想が返ってくることが多いです。長く休職している人や、失業中の人、社会復帰に向けて作業所に通っている人、引きこもっている人、仕事を長くしていない統合失調症患者にこういう夢が出てくることがよくあります。

この時は、夢についての連想を聴くとともに、「実際にすぐ働けなくても、こういう夢を見ただけでも、前向きのより豊かな生き方を目指している気持ちがあり、それを支えにすることが大事」といった調子で接すると、道が開ける場合があります。

また「働く」ということが、会社での労働以外に、自分が本当にしたいことの表れである場合もあります。この場合、夢の中の「会社で働く」ということは、自分の望んでいる環境で真の自分の力を発揮したいというメッセージであったり、異性との交際や肉体関係を欲している場合もあります。

⑪暴力を振るう夢

暴れる、蹴る、怒鳴る、暴言を吐くといった夢も時折出てきます。例えば、「義母に怒って飛び蹴りしている夢」「躁的になって、威張り散らしたり喋りまくっている夢」「叫んだり怒鳴ったり暴れまわっている夢」といったものです。

話を聴くと、相当、心の中に怒りや憤懣、やるせなさ、孤独感といった辛い感情が貯まっていることが多いです。

治療者としては、そうした情動や感情をなるべく言葉にしたり絵に描いてもらったりして、情動の言語化やイメージ化を図ります。こうすることで、それまで行動化していた患者が、現実の中で不適切なことをしないですむようになった例は多くあります。

例えば、怒りの大きいうつ病患者、双極性障害（躁うつ病）、境界性パーソナリティ障害（情緒不安定性パーソナリティ障害）、統合失調症の患者で、夢の中で暴れたり叫んだりすることで、現実には暴れることが少なくなった例がしばしば散見されます。しかし、まれに夢で暴れる場面が出てきた後、それが溢れ出して現実場面での暴力がひどくなったという例もあるので、注意しなければなりません。

⑫声を夢で聞く

統合失調症患者が、「女性の声が聞こえる夢」を見たことをきっかけに、現実場面で幻聴が減るというようなことがあります。また「悪口や噂されている夢」を見ることで、被害妄想の訴えが少なくなり、妄想の苦しみから解放されることもあります。

一般に、精神病圏の患者が夢を見始めたら回復の兆候と捉えていいですが、夢がかえって妄想や幻想を噴出させる場合もあるので注意が必要です。

⑬いじめられる夢、いじめる夢

いじめに関連した夢も意外に多いです。「訳もなくいじめられて戸惑っている夢」「ひどくいじめられて悲しんでいる夢」といったいじめられる夢の方が多いです。この夢の背後には、やはりいじめられる不安が強くあるのですが、場合によってはいじめてくる相手ともっと接近したい欲求が隠れています。

いじめている夢も、よくあります。相手に反感を持っている場合が多く、こうした夢で相手に対する自分の中の隠された攻撃感情が明らかになりびっくりすることがあります。いじめる夢も相手と親密になりたい、相手を支配したいという欲求のあることが多いと言えます。

また、こんな自分なので嫌になってくる、徹底的にいじめてやりたいという自虐的な心理や、逆に心や身体をいじめることで鍛え直したいという気持ちが潜んでいる場合もあります。こうしたいじめ関連の夢を検討することで対人関係の問題点がわかり、よりよき対人関係へのとっかかりができる可能性があります。

⑭見られる夢

「人にじっと見られている夢」「見知らぬ人に見られている夢」「監視されている夢」「覗き見されている夢」も、よく出てきます。

これは「悪く見られる不安」もありますが、「見られず無視される不安」であることもよくあります。ただやはり、「注目されたい」「よく見られたい」という願望の表れであることが多いと言えます。

この「注目され願望」を尊重し、ここを出発点にして話し合うことで、引きこもりに陥っているうつ病やパーソナリティ障害の人たちのプラスになることがあります。

⑮落ちる夢

「ビルから落ちる夢」「崖を滑り落ちる夢」なども頻出する夢です。こうした夢は、「現状の地位から滑り落ちるのでは」「健康状態の悪化や身体機能の低下が起きるのでは」といった不安を表すことが多いようですが、詳しく連想を聴くと、目に見えるもの（財産、地位、容姿、健康、現実的能力など）に対する過度の執着を表していることもあり、自分の現状を振り返るチャンスでもあります。

また、「ジェットコースターから急降下するが助かる夢」「ビルの屋上の端を歩いていて落ちそうになるが落ちない夢」「高いところから落ちるが怪我をしていない夢」は、少々思い切ったことをやっても大丈夫、困難に遭っても乗り越えられるという自信を表す場合もあります。前に述べたように、夢が危機回避のシミュレーションをしてくれているわけです。

⑯上がっていく夢

反対に「階段を上がっていく夢」「山に登っていく夢」「上り坂を歩いていく夢」といった、上がっていくことに関する夢も多いです。

これは、勉強、仕事、恋愛、対人交流欲求、遊びなどを前向きにしたいという心理が背景にあることが多く、患者がこれを見ると回復の兆しを感じさせられます。しかし、単に現実的根拠のない空想的願望に過ぎないこともあります。

もちろんフロイトが言うように、セックス願望を意味することもあります。やはり性交のオルガスムス（最高の絶頂感）に達したいという気持ちの表れでしょう。

こうした夢の場合は、夢見手の上昇、前向き志向を尊重しながら、夢見手の目指しているもの、その目標達成に向けての現実性、計画性、準備性が検討されることが大事です。

⑰空を飛ぶ夢

上がる夢だけでなく、飛ぶ夢も多いです。「空を飛ぶ夢」「身体に羽が生えて空を飛んでいる夢」は、上がる夢と同じような上昇志向や実力向上願望以外に、自由や解放に憧れる気持ち、また高いところから展望して見通したいという気持ちがあるようですが、それ以外に天国など異界への憧憬《しょうけい》があるかもしれません。

この夢も前向きの気持ちと、現実逃避の入り混じることが多く、「空を飛ぶ」という基本モチーフを出発点に現実性と想像性を検討し、夢見手の可能で納得する「飛び方」の探究がなされると治療的となります。

一方、「空を飛んでいて墜落する夢」は、自己の希望に比べ、実力や現実性が伴っていないということを表すようですが、警告の一つとも考え、この警告を活かすにはどうするかを考えるのもよいでしょう。

⑱過去に戻っている夢

過去に戻る夢は、うつ病、不安障害、統合失調症など広く心の病で見られますが、特にうつ状態に陥っている人に多いです。

例えば「高校生に戻って試験を受けている夢」「大学受験の夢」などがよく出てきますが、それは「過去を懐かしがっている」「過去を振り返りたい」という意味にも取れますが、筆者がたくさん聴く連想は「過去に戻ってやり直したい」ということが多いです。

過去の夢には、「試験を受ける夢」が連動することが多いです。これは、もう一度自分の実力を見究めたいという気持ちがあるようで、背後には自分の現状に満足していない思いや、今の自分が認められていない辛さがあり、うまくいっていない現在の事態を改善したいという欲求が潜んでいるようです。この「やり直し欲求」をうまく活かすことが、治療の成否となります。

試験の夢以外に「高校に戻ってサッカーをしている夢」「中学に戻って修学旅行に行きパジャマを着てはしゃいでいる夢」「学生時代の友達と遊んでいる夢」もしばしば出てきます。これも過去を懐かしがっていると同時に、現在足りないものを過去において探そうとしている願望の表れでもあります。

いずれにせよ、過去も無意識も個人の財産です。どのように上手に活かすかが、ポイントになります。

⑲走る夢

「友達と一緒に走っている夢」「マラソンしている夢」なども時折出てきます。走ることから、一生懸命頑張りたい、努力していることを認めてもらいたいという連想を聴くことが多いです。

また「友達とともに」というのは、誰かに励まされている自信や、自己の分身が目覚めるというか、自分の中の隠されている面が活動し始めているということを示すようです。

これも治癒や健康に導ける可能性を示すサインですが、「走り過ぎて疲れてしまう」という場合は、頑張り過ぎに注意する必要がありますし、「走っているが目的地がわからない夢」の場合は、本人の目指しているものを検討する必要があります。

⑳遊ぶ夢

「一人で遊んでいる夢」「子どもたちと遊んでいる夢」「誰か知らない人と遊んでいる夢」など、遊び関連の夢はかなり多いです。

連想内容の多くは、「リラックスしたい」「自由に伸び伸びしたい」「現実のストレスから解放されたい」というのもありますが、「（遊びを通して）人と繋がりたい」という気持ちや「新たな創造欲求の表れ」であるかもしれません。

こうした場合は、現在の状況の検討、特にストレスがどれだけ強いかなどの吟味が必要になると同時に、遊びやリラックスの必要性がどれぐらいあるのかを考えていくのがいいでしょう。

「遊んでいてもルールがわからず、最下位ばかり。面白くない」といった夢の場合は、遊び（リラックス、解放、休息）を妨げているものを探求すると、かえって道が拓ける場合があります。

㉑キスする夢

キスをする夢も、よく見ます。特に空想的な人に多いと言えます。

これは、もちろん口づけされたい、肉体的接触をしたいという願望の表れですが、精神的に優しくされたい気持ちの表れでもあるようです。だから、夢見手の現実の異性関係の分析が大事になってくることが多く、そこに問題点が潜んでいることがあります。

「有名タレントとキスする夢」などでは、現実認識ができていない人が多く、夢見手の気持ちや願望を大事にしながら、願望の現実性を検討し、空想と現実の調和を図っていきます。

㉒料理する夢

料理の夢も頻繁に出てきます。「単に料理しているだけの夢」「家族に料理を作っておいしいと誉められる」「料理がなかなかうまくいかない」など料理にまつわる夢は多彩です。

料理の意味も多義的です。料理とは、もともと「物の道理」「宇宙や世界の真理」といった「理」を「料《はか》る」（推し量る、検討をつけて処理する）ということで、人間生活においてもっとも基本的で大事なことの一つです。それゆえ料理の夢は、人間関係、社会生活、友人関係、対人関係、恋愛、仕事、学業などをうまくこなしていく（料理していく）といったことで、困難や問題点に対して適切に処理していくものでもあります。

したがって、いろいろなことを自覚して物事の真理を見極めたい、多くのことを自分の手の内に収めたいという願望や、そうした目標の達成までの道のりを表す場合もあります。

それゆえ料理の夢の場合、本人が関係している問題点や目標を聞きながら、本人が対人関係や社会生活をちゃんと処理していけているかどうかを聞いていくといいでしょう。

「家族に料理を作っている夢」で両親への愛情に気づき、両親との関係がうまくいったという、境界性パーソナリティ障害患者の例もあります。

また、そのままでは食べられないものを食べられるようにするということから、創造性や成長、訓練、新しいことの学びといったことを表す場合も多いです。

㉓買い物の夢

買い物の夢は比較的一般的な夢ですが、買うとは「欲しい物を手に入れる」ということが基本なので、「買い物をして気持ちがよい」という夢を見れば、順調にことが運んでいるようなので、治療者はその旨を告げて安心感や治療が進んでいる喜びを共有するのもいいでしょう。

しかし、「買い物に行ったが、何を買っていいかわからない夢」の場合は、夢見手の目標を検討した方がよいです。また「買い物をし過ぎる夢」を見た時も、欲しい物が見つからないだけでなく、何を手に入れても不安な気持ちがあることを念頭に置いて話し合います。もちろん、実際に買い物依存になっていないかどうかの検討も必要です。

㉔殺されたり、死ぬ夢

「殺される夢」「死ぬ夢」となると、怖い恐ろしい凶夢と感じる人が多いですが、そうとも限りません。殺されたり死ぬことは、たいていは「古い嫌な自分が死んで生まれ変わること」を意味することが多いのです。

また自殺の夢も、古い自分を殺して新しい自分に生まれ変わると考えられることが多いです。

実際、連想の中で、再生や新生の願望や可能性が強い場合には、その通りだとして安心して患者の今後や成長を見守っていていいでしょう。

ただし、いつもそうとは限りません。

特に希死念慮が強く自殺未遂の既往がある患者が、繰り返し「自殺の夢」を見る場合は要注意で、実際に自殺行動に走る場合があります。

だから、死の夢イコール再生の夢と安易に取らずに、患者の連想を十分に聴きながら、夢解読を進めていくべきです。まさに、患者の再生の鍵を治療者は握っているわけです。

㉕たどり着けない夢、迷う夢

これは、追われる夢と同じくらいに頻繁に出てくる夢です。「駅にたどり着けない」「駅に着いたが電車に乗り遅れた」「途中下車し、切符が改札口を通らない」「町の中が迷路のようになって迷ってしまう」といった夢が多いです。

しかし患者の連想を聴くと、たいていは選択や決断に迫られながらなかなか決められない状況の場合が多いです。

この場合、治療者は事情をよく聴くとともに、決断しにくい心理を理解し、共感することが大事です。次いで、もしある決断をした場合の結果（最良の結果、最悪の結果を問うと患者にはわかりやすい）、決断しなかった場合（それもある種の別の決断）の結果を検討し、悪い結果が出ても構わないという覚悟と、悪い結果が出た場合の適切な対応の準備を話し合っておくと、患者は決めやすくなります。

しかし、一般に追い詰められている患者にとって、決断は次のような理由で非常に難しいものです。決断の難しさが、患者に迷いの夢を生じさせるのです。

◆決断したとしても、うまくいくかどうかの絶対の保証がない。

◆決断は自分を頼りにするので、うまくいかないと自分が責任を取らねばならない辛さがある。

◆ある決断・選択をすると、別の決断はできない。したがって何かの選択をすることは、別の可能性を失うことなので、その喪失の辛さに耐えられない。

◆うまくいかない場合の辛さを引き受けられない。

◆決断により現実の負担が生じてくる。

その他、この夢の背景に、まったくどうしていいかわからないという気持ちのあることが多くあります。そういう場合、治療者は患者に対して、自分のしたいことや好きなこと、自分のできること、自分にとって有益なことをするのがいいと助言します。

これがわからない患者も多いので、その場合は、「それらが見えてくるまで身体だけは大事にしておくこと」「できれば夢を見続けておくこと」と言っておきます。これで多くの患者は落ち着くことがよくあります。

㉖話す、言う、主張する夢

いろいろ喋っている夢は、怒りを出している夢と同様、自己主張の意味合いが大きいです。同時にその人とコミュニケーションを取りたい、係わりを持ちたいとの表現でもあります。

一方「対人関係で思うことが言えていない夢」の場合は、自己表現や他者との係わりに問題点を有していることを表しているようです。大人しく内向的な患者が「言い返している夢」を見るのは、それなりの自己主張力の増大と言えます。

また「皆がいいと言っている大学の先生のことを『この人は信用できない人だ』と言っている夢」についての連想を聴いていったところ、初めて本音が言えたという場合があります。その患者は、人の悪口を言うことにひどく罪悪感を持っていたのです。しかしこの夢について話し合うことで、人に対して疑惑や不信や怒りを向けても構わないし、それは場合によっては生産的になり得ることを認識でき、とても楽になったとのことでした。

ただし、そうした否定的感情をどう使っていくかは難しい問題なので、その点についての話し合いは何度もせねばなりません。

㉗旅行の夢

「船出の夢」が多いですが、「鉄道の夢」や「飛行機の夢」もあります。自己探求の始まりを表すことが多く、特に心理治療の始まり期に「船で海（湖）に出る夢」を見ることがあります。

したがって、この旅立ちに関連する気持ちを聴いておくことはとても大事です。もし旅に不安を持っているようだと、そのことを話し合って不必要な不安は軽減する方がいいですし、逆に旅に対する期待が大き過ぎる場合も、その点についての現実検討が必要になります。

㉘事故の夢

事故の夢も、意外と多いです。内容は「交通事故に遭う夢」「遭難事故に遭う夢」「雪崩に巻き込まれる夢」など多彩です。

この場合も、連想が大事です。連想による事情の解明により、実際の事故を予告する予知夢・警告夢である場合にはもちろん注意が必要です。それ以外に、自我肥大や自己の傲慢さに対する警告の場合もあります。逆に自信のなさを表したり、自己懲罰や悪性の自己否定感情、自己への攻撃性の表れである場合もありますし、心の傷や深い不安の表れであるかもしれません。

こうした夢に対しては、治療者はいっそう注意深く取り扱い、患者と波長を合わせながら事実に向き合い、癒しの道を探っていくことが必要です。

なお、自分の運転による事故は、自信過剰や衝動性のコントロール困難を表すことがあるので、十分注意が必要です。

㉙盗む夢、泥棒する夢

時折、盗む夢が出てきます。例えば「銀行強盗をしようとして隣のホテルに泊まり込んでいる。刑事が繰り返し三人ほどやって来てヒヤヒヤするが、乗り切っていて計画の実行を狙っている」といった夢が報告される時があります。

連想を聴くと「ある物を欲しがっているが、それを手に入れようとすると、どうも不当というか誰かを傷つけてしまうのかもしれない。だから、刑事のような者に付け狙われることになる。ということは、少し目標変更を考えた方がいいのかもしれない」ということでした。

このように盗むのは、強引、道理に反することをしようとする意味合いが強く、夢見手に反省を促すようですが、一方で一つの冒険や思い切ったことへのアプローチなので、一概に否定はできません。

㉚飛び込む夢

「湖に飛び込む夢」といった夢は、旅と同じで、何らかの状況や事態の変化を望んでいるという連想が多いです。それも、旅立ちと違ってやや性急な感じがする時が多く、決心して飛び込んでいる場合は本当によい変化が招来されるかもしれません。

また「崖から飛び降りさせられている夢」というのも出てきますが、これは主体的決断ではなく受身的に複雑で困難な事態に入り込まされているという状況を表す場合で、夢見手は困っていることがよくあります。治療者の工夫がいるところです。ただ、こうした夢でも患者の連想と状況次第では、休息にやっと入れるという意味に取れる場合もあります。

㉛泳ぐ夢

「一人で泳ぐ夢」「誰かと泳ぐ夢」「必死に泳いでいるが流れが反対で前に進まない夢」といったような夢によく出合います。

泳ぐとは、立ったり歩いたりしているのではなく、ある程度努力しないと浮かないし進まない状態なので、努力している状況とも言えます。また水と触れながら進んでいるので、さまざまな感情の中を動いているとも言えます。浄められることかもしれないし、生命力を得ることかもしれません。

泳ぐ夢は、水の夢と同じく非常に多義的です。だから、

◆一人で泳ぐ夢→自分一人で頑張っている

◆誰かと泳ぐ夢→誰かの助力を得ながら進んでいる

◆流れに逆らって泳いでいる夢→無理なことをしようとしている

と取ってもいいですし、全然別の意味に考えても自由なのです。

㉜出産の夢

「出産の夢」は、夢見手の願望を表す場合もあり、予知夢になる場合もありますが、何か新しいことが生み出される、創造されるということが多いです。

㉝裸になる夢

「裸になる夢」も結構多くあります。一般的には「秘密の気持ちを持っていて、知られたくないのに知られてしまった」とか、「うわべがはがれた」という連想が多いですが、裸一貫という言葉もあるように、財産・地位を失うという恐れでもあります。

「真実の自分になろう」「自分に素直になろう」ということを連想する患者もいます。このよう

な夢の場合、衣服というペルソナ（社会的仮面・役割）を上手に使いながら、裸になれるところでは裸に、服をつける時は服をつけてという、適切な認識が生まれると治療的です。

さて、ここまで行為の夢を三十あまり紹介し、基本と思える意味を紹介しましたが、実際の臨床で患者の役に立てるような夢解読に至る道はもっともっと複雑です。ここでは、わずかな意味を記しただけで、実際の夢解読は、患者の連想や状況に応じる必要があります。したがって、今記したことを参考にしてもいいですが、パズル解きのような、この夢を見たからこういう解釈というわけにはいかないことを強調しておきます。

個々の行為が何かを象徴すると考えてもいいですが、むしろ夢に出てきたことを利用して、一つひとつの行為について熟考してみるのもいいでしょう。例えば、「逃げるとは何か」「上るとは何か」といったその行為一つひとつの多様な側面と意味を考えることが大事になります。

また、実際の治療場面で出てくる夢は、多くの要素が加わっており、単純な一つの行為だけで現れることは少ないです。したがって夢解読は根気のいる作業なのです。それから、患者の夢は、一般の人の夢と同じく日常ありふれたものが多く、日頃彼らが思っていることが夢の中に出てくることが多いと言えます。

感情の夢

夢の中の感情は、患者が意識的・無意識的に思っている気持ちの表れですが、夢の中にわざわざ出てくるということは、「もう一度その感情を強調したい」「（いろいろな感情の中で）一番重大で緊急のものを示したい」という夢見手の気持ちを表していることが多いです。自分では思ってもみない感情を抱く時もあり、それはその夢見手の意識していないもう一方の気持ちを表しているのかもしれません。

患者のよく見る夢は、「恐れの夢」「怒られるのを恐れている夢」「恥ずかしいと感じている夢」「焦っている夢」「無力感・絶望感を感じている夢」「できれば働かないでおきたいと思っている夢」「むなしさが強い夢」「充実感を感じていない夢」「嫉妬や羨望を感じている夢」「憎しみを感じている夢」といった否定的な夢が多いです。

そうした感情についての内容・起源・対策などを考えているうちに、肯定的感情が引き出される場合があります。

逆に、「好きになる夢」「嬉しい夢」「誰かを愛する夢」「楽しい夢」「前向きでやる気の出ている夢」も出てきます。患者がうつ状態の時に、こうした夢を見ると回復の兆しと捉えやすいですが、実際にそこにつなげるには患者・治療者共同の工夫が必要になります。

場所、自然、風景の夢

夢の中の風景は、夢見手の気持ちや状況、夢見手を取り巻く運命を表していることが多いです。ただ、その風景の状態によって、意味合いは違ってきます。

例えば、「山に登る夢」は目標達成への希望を表すことが多く、「緑の山」は心の豊かさを暗示することが多いと言えます。ただ、登山が困難な夢は、目標達成に障害が生ずると考えることができます。

「きれいな紅葉の夢」も、希望に溢れた楽しい出来事を期待できるようなものですが、患者の連想次第では「もうじき枯れる」「よくないことがやって来る」との意味になる場合もあるので、その時は対策を考えなければなりません。

「海岸線を車で走って岬に着く」といった夢は、連想次第で「目的地に達した」「限界まで来てしまった」「新たな飛躍がある」「それ以上進むと危険」といった多様な意味になります。

「海の夢」は、海が「生命力の源」「感情の源泉」「無限のサイン」「想像力や才能の泉」「呑み込むもの」と多様な意味があるため、海のどんな夢（静かな海、荒れた海、明るい海、暗い海など）かということと、夢見手の状況によってずいぶんと意味は変わってきます。

「裸になってジャングルをさまよう夢」では、有りのままの姿になって今の困難に対処することが重要、ということを示しているようですが、まずは身体を大事にし、自分の身を守ることが必要だとの知らせかもしれません。

「サファリパークで遊んでいる夢」は、自然に戻って無邪気な気持ちでくつろぎたいという気持ちと、安全なところで守られたいという気持ちを表しているようです。

「家の改築の夢」は、自分自身または自分の気持ちを変化させるなり、立て直したがっている気持ちを表していると言えます。

「寺の夢」は、教会や神社と同じく、「心を浄めたい」「救われたい」「いろいろと告白したい」との連想を表す患者が多いですが、問題はどういうことで浄めたがっているかを知ることの方がより大事な時があります。

「川を渡る夢」は、頻繁に出てくる典型夢の一つです。この夢については、何か新しい世界へ向かうことや決断に関連する連想が多いです。「川の途中で立ち往生している夢」は、決断ができず迷っている場合がよくあります。

「橋を渡る夢」も、やはり新たな状況に入る意味が強いです。また、「橋を架ける夢」も時々出てきますが、これは新たな世界に入ることや決断のための準備をしている状況を表していることが多いです。

「関所でもめる夢」は、自分の目標や予定に対する妨害や困難を表していることが多いです。変わった夢として、「海の上に石油コンビナートがあり煤煙《ばいえん》が噴き出ている」という夢があります。夢見手である若い女性と夢解読をすると、「自分の自然に伸び伸び音楽を学びたい欲求（海を表す）を、厳格な教師が人工的に矯正しようとしている」という連想に落ち着きました。

金銭、身近な物の夢

「貧乏になる夢」「お金をなくす夢」「貧乏な家に引っ越しする夢」は、比較的よく出てきます。

お金は、「生命や精神のエネルギー」「愛情」「自信」などを表しますが、一方で「過度の執着」を意味することもあります。

したがって、「お金をなくす夢」は、元気のなさや自信喪失を表す場合もありますが、執着から解き放たれて自由になる、という意味合いも含まれます。いずれにしても夢見手の連想や状況で、意味合いが違ってきます。

また、「自分の席・椅子がなくなっている夢」「自分の椅子に誰かが座っている夢」「自分の部屋が乗っ取られている夢」は、自分の居場所や行き場所が、見当たらないという心境を表していることが多いです。

人物、身体の夢

人物の夢には、両親、父、母、同胞、友人、恋人、配偶者、先生、上司などいろいろな人物が登場します。

それらは、実際の人物像（現実の父の姿など）を表すと同時に、父性原理、母性原理、同胞葛藤など、父母兄弟にまつわる普遍的イメージを表す場合もあります。さらには夢見手の持っている父親・母親像でもあり、何かの代理でもあります。

また、夢の中の人物は、まずは自分の分身、自己の影だと考えるのも夢解読の大きな武器になります。

「困難な場面で父が登場して助けてくれる夢」を見た青年と話し合うと、「今抱えている難しい仕事で困っているが、亡き父が助けてくれると思って自信がついた」ということでうまくいきました。しかし、同じような夢を見た青年は「いつまでたっても父に甘えていて独り立ちできていない」という連想をしています。

「父、母、妹が出てきて家庭での団欒を楽しんでいる」という夢を見た患者は、「小さい時から育児放棄をされ、十分に愛情をもらえなかった。今、そうした両親からの愛情を欲しがっているのだ」という連想をしています。

「母が笑っている夢」は、微笑んでいる夢の場合ならば、母なるもの（見守り優しく慈しみ育て助け癒す）からの祝福で、自信を持って人生を歩んでいけると連想する患者が多いです。しかし一方で、母が馬鹿笑いをしているような場合は、苦境を無理に否認していることを表すことが多くなります。

「母が浄土から私の幸せを祈ってくれている夢」を見た人は、うつ状態のさなかにいましたが、これで希望がもたらされ、回復していきました。しかし、絶望感が相当深い人などは、「あの世からのお迎えが来た」と考え、自殺の準備をすることがあるので要注意です。

「姉と自分が要領よく仕事ができ、帰り道でも歌を歌っている夢」を見た夢見手は、「姉とはライバルと思っていたが、このように助けてくれ、ともに楽しめる仲間だ」という連想に続いて、「ライバルは結局敵ではなく、自分を高めてくれ自分の力を引き出してくれる大事な存在だ」ということに気づいていきました。

「妻と話し合う夢」を見た夢見手である夫は、「普段話し合っていなかったが、今話し合うべき問題が存在しているのだ」と考え、妻とともにその問題について話し合ったところ、いろいろ了解できる点が出てきて、二人の仲はまた好転しました。このように配偶者の夢は、相手との間に問題があることを表すことが多いですが、自分の中の分身を表す場合もあり、その場合は自分の中での対話が必要になってきます。

「治療者が出てくる夢」は、治療関係に不満のあることがよくありますが、治療の深まりを意味したり、治療者が守りになっていることを示す場合もあります。

例えば、「治療者から神の声で『ゆっくり深呼吸をしなさい』と言われ、その通りしたら楽になった」というような夢は、患者が治療者を頼りにしているし治療者に支えられているということでしょう。

「歯が抜ける夢」は、「生命力やエネルギーの減退」「老化」を意味すると考えられますが、一方で「古いものが死んで新しいものが生まれ変わる」という意味にも取れます。さらには、「攻撃性の減少」という意味合いもあります。

「大便がつく夢」は、「お金が入ること、幸運なことが舞い込む夢」であることが多いですが、一方で「不浄なものを浄めたい」「金銭や物に対する執着を減らしたい」との願いである場合があります。

動物の夢

「犬を飼う夢」「犬と遊んでいる夢」「犬と寝る夢」は、犬が支えや援助者になっている場合が多いです。しかし、犬には「攻撃性や本能の現れ」「地を這うもの」など多様な意味があることも忘れてはなりません。

「イルカがモンスターに変わる夢」というような動物が変身する夢も、時折出てきます。イルカは癒しの象徴であるのに、怪獣のような恐ろしいものに変わるということは、「まだ治る準備ができていない」「治ることを恐れている（普通人として動くのは大変という思いがある）」のかもしれません。

「虫の夢」は、虫の種類によっても夢見手側の事情によっても多様な意味がありますが、おおむね「不快で排除したい部分」「自分の中のコンプレックスや劣等感、自己嫌悪的な部分」「不安・気がかり」「嫌な人物」など否定的な面が多いです。しかし、自然性とか生命力、本能的力といった肯定的な面を表す場合もあります。

「蜘蛛の夢」は、母親の持つ拘束力を表す場合が多いですが、それだけでなく「縛られていたい」「自由という責任から逃走したい」といった願望が秘められていることがあります。

「毛虫の夢」は、自分の心の中の不快さ、トラブルなどを表しますが、蝶に成長するということもあって変容の意味合いもあります。

「蝶の夢」は、ずばり「美しいものへの憧れ」です。しかし現実を逃避したい願望の表れでもあります。

空想、超自然の夢

患者の夢は、前述したように日常のことが多いですが、時に「中国の山水画のような場所で川べりに沿いながら山を登っている。極楽浄土のような異界の世界を目指している夢」といった超自然的な夢が出てくる場合があります。

患者は、当時抑うつ状態にあった中年男性ですが、ある理解ある女性との出会いに恵まれ、自殺を思いとどまっていました。

患者の連想は「何か安らぎと幸せを久しぶりに感じた」というものですが、その通りで、川のそばで感情を取り戻し、木々の緑に触れることで生命力が引き出され、それで高い山（新たな人生目標）を目指そうと決心しているのでしょう。

極楽浄土は、本人の希求する「休息、平安、至福、再統合、悟り、再建」といったところでしょう。こうした夢を見るということは、本人が相当疲れており、癒しを欲しているということなのでしょう。

その一週間後、彼は「頂上に登って広大できれいな景色を見ている夢」を見、しばらくしてから抑うつ状態から脱していきました。

第2章

夢治療事例1～要約的事例

1 夢治療の実例について

1 患者の夢について〜夢は「意識に至る王道」でもある

今まで見てきたことでわかるように、患者の夢は日頃考えていることがそのまま出てくることが多いと言えます。

その意味では、すでに本人が心に浮かべていることや意識的なことだと言えます。しかし、意識的なことと言っても、意味がないわけではありません。

いろいろと雑多なことを考えている中で、夢はずばり核心そのものを提示してくれる場合がありますし、また患者は自分の夢を見て、治療者と話し合う中で、改めて自分のテーマや課題に気づくことがよくあります。

その意味で、夢はフロイトの言うように「無意識に至る王道」かもしれませんが、一方で「意識に至る王道」と呼んでもいいのかもしれません。

以下に少し短い夢分析の実例を挙げ、次の章で少し長い例を提示します。

事例A　自己愛性パーソナリティ障害とうつ状態の男性（二十歳・男性）

事例は、自惚れが強く自分ほど優れている人間はいないと思っている男子大学生です。彼はそうした面を周囲にも出し、また話題を全部自分が取っていき、いつも人を馬鹿にした態度を取っていました。

そのうち、最初は「才気のあるやつだ」と寄っていた友人たちも、彼から離れていき、孤独の中にいることになり、少しずつうつ状態に陥っていきました。

その後、筆者のもとにカウンセリングに来ることになりました。彼は「自分が如何に優れているか」「なのに周りの無理解にどれほど苦しんでいるか」を訴えました。

筆者は一応頷きながら、徐々に、本人の希望を明らかにしていったところ、やはり「認められたい」ということでした。そして、そのためにも周囲の立場に立たないといけないことに少しずつ気づいていきました。そのような時、次の夢を報告しました。

「友達と酒を飲んだり、談笑したりして楽しく過ごした後、家の中に入ると、大きな虎が居座ってこちらをにらんでいた。あまりの恐怖に立ちすくんだ。逃げようとしても足が動かず、今にも食い殺されそうな恐怖感を感じ、怖さのあまり目が覚めた」

そこで彼の連想を聴くと、「友達とのノミニケーションは自分の望んでいるところ。虎は、別れた後の皆の攻撃的な態度を表す。やはり、自分は嫌われているのだ」ということでした。

筆者は「その解釈はそれはそれで納得いきますが、家は自分の避難場所や居場所、または自分の心を表すとも言われています。虎は確かに怒りや残酷さも表しますが、それ以外に優美さ、勇気、激しい欲求、特に強い自己顕示欲などもあります。『象徴辞典』などを参照したりして、もう一度考え直したらどうですか」と言いました。その後、ふと「虎になった『山月記』の李徴を思い出しました」と言い添えました。

彼は、意外と素直に『象徴辞典』を参照したり、中島敦の『山月記』を読み返したりして、次の回のカウンセリングに臨みました。

そこでの共同連想の結果は、「家はたぶん、自分の心なのだろう。そして心の中には、非常に臆病な自尊心と尊大な羞恥心が居座っているのだろう。正に虎は、その象徴だろう。そして家の中という安全な場所で、恐怖を感ぜざるを得ないのは自分の中にあるどうしようもない尊大さと向き合っていないからだ。それで、心の中では自信がないのに、それを見られまいとしてわざと尊大に振る舞っていたのだろう」ということでした。

彼はこの後、少しずつ自分の態度を変えようとしましたが、それは難しいようでした。

そこで、筆者は「あなたの尊大さはそれはそれで美点ですよ。ただ尊大さを満たすため、他者の評価を得たいのなら、その尊大さを隠し、まずは相手の立場に立つということが大事です。だから、性格を変えるというより新しい視点を付け加えるという感じでいったらどうですか。いずれにせよ、世阿弥が言うように『秘すれば花なり』ですよ」と言うと、少し安心したようでした。

その後は「虎と公園で遊んでいる」という夢を見たりし、また対人関係のあり様も少しずつ穏やかになり、うつ状態も軽減したのでカウンセリングは終了しました。

別れ際に彼は、「今後は自分の中に巣食っている虎と十分対話したりしながら、できるだけ無難に付き合っていきたいと思っています」と言ったのが印象的でした。

事例B　うつ状態と男性恐怖症の大学生（十九歳・女性）

事例は、中高一貫のミッション系の学校を卒業後、男女共学の大学の法学部に入学した女子大学生です。彼女は、中高とずっと勉強とピアノに取り組み、遊びやましてや異性関係などをまったく経験しないで大学生になりました。

大学も本当は女子大の音楽部ピアノ科に進みたかったのですが、両親が「これからの女性は、何か役立つ資格を持っていないと駄目。ピアニストで生活していけるなどというのは夢のような話なので、すぐに役立つ法学部に行きなさい」と言われたため、両親に逆らえない彼女は不本意なままに従いました。

しかし、入学した大学の雰囲気は今までとはまるで違い、勉強よりも遊びやデートやサークル活動に熱心になる学生が多く、彼女は皆の中にも入れず、ひたすら勉学だけに励みました。

ただ内心は満足できず、次第に不眠と憂鬱感が強まっていきました。また学校に行くのも嫌になって休みがちになり、母から叱責されたりしていました。そんなある日、彼女は知らないうちにリストカットをしており、それを見つけた母親は嫌がる本人を引っ張って、筆者のもとに連れて来ました。

筆者は無理やり連れて来られた本人の気持ちを思いやると同時に、今の大変さを思いやりました。彼女は、案に相違していろいろ話してくれたため、「今後どうなっていきたいか」と聞くと「よくわからない」と答えました。

そこで、筆者は「とりあえず、今は行き詰まっており、このまま放っておけません。まずは、今後の目標の発見と気持ちが楽になることを目指して、カウンセリングをしてみませんか」と誘導しました。

本人は躊躇しましたが、母の強い勧めもあって試しにカウンセリングを三回することになりました。そして、とりあえずその三回は審査面接のような形で聴くことに徹し、その後どうするか迷っていましたが時々夢を見ると言うので、それを話し合うことになりました。

第一の夢は、**「湖の中に思い切って飛び込む。泳ぎ方も知らないので『あっ、大変』と思うが、いつの間にか横で一緒に泳いでいる人を見て、少し安心する」**という夢でした。

共同連想した結果、「水は感情。泳ぐというのは、感情の分析の中に入っていくことになる。溺れそうになるので怖いけど、横に助ける人（たぶん、筆者。あるいは彼女の分身）がいてくれるから、何とかなるかなと思っている」とのことで、夢分析を続けることになりました。

第二の夢は、**「中学か高校時代に戻っている。そこで内心ずっと嫌だった女性が出てくる。彼女はおしゃべりで勉強嫌い。遊びやおしゃれに夢中になって、他の学校の男子生徒とも派手な付き合いがあった人。夢の中で、その彼女が私のことをガリ勉とからかっている。とても不愉快な夢」**ということでした。

共同連想を行った結果、「この嫌な女性は自分の分身、あるいは自分が見たくない影の部分かもしれない。私は遊びや男性との付き合いやおしゃれなどをひどく軽蔑していたが、本当はそれが苦手なだけで、憧れているのかもしれない。でも今更、こんな自分の心に気がついてもどうしようもない」とのことでした。筆者は「今は内的作業の段階ですから、すぐにどうこうしなくて、とにかく毎日を無事に過ごしていきましょう」と答えておきました。

その後、第三の夢として**「死んだ祖母が出てきて、『これからどうするの』『だらしない』『我が家の恥』とか言ってくるので、カーッとなり、平手打ちを喰らわした後、包丁で刺そうとした」**という恐ろしい夢を見て、びっくりしたとのことでした。

これについて、共同連想したところ「祖母が出てきているが、たぶん母のことだと思う（移動の機制）。今まで母に反抗どころか、口答えしたことすらない。それで無意識に怒りが溜まっていたのかしら。でも、実際にこんなことをしたらどうしようかしら」と言うので、筆者は「夢が代わりに代弁してくれたので、実際に起きることはありませんよ」と言うと安心したようでした。ただ、ここに出てきた怒りについて、どうしようかということを共同検討したところ「怒りは自己主張の表れ。これからは、少しでも母や父に言いたいことを言おう」となりました。

しかし、この自己主張は性急過ぎ、母とのトラブルが頻発しました。

母は筆者に「カウンセリングの結果、かえって悪くなっている」と文句を言ったため、母の話を傾聴した後、娘の態度をどう考えたらいいか共同検討した結果、「確かに娘は自己主張が欠けているし自立していない。ちょっと難しいかもしれませんが、娘の自己主張を受け止めるようにします」ということになりました。

また娘本人とは、自己主張の上手な出し方を一緒に勉強しました。その結果、少しは母に言いたいことが言えるようになり、自分の感情や欲求に気がついていきました。

しかし、対人恐怖や対男性恐怖が強く出てきてとまどっているようでした。筆者は「それは人と付き合いたい、男性と交際したい、という欲求の表れですからよい夢です」と言いましたが、どう付き合っていいかわかりませんでした。

そこで彼女の好きな学問から出発して、彼女が興味が湧きそうな研究会やサークルを探し出し、ある「法の起源探求研究会」に参加し、そこで気の合う同じ内向的な友人を見つけたのを皮切りに、徐々に対人関係を広げ、今では異性との交際もできるようになりました。その時点で一応、カウンセリングは終わりました。

事例C 不安神経症（全般性不安障害）の夢治療

（三十五歳・女性）

この事例は、今から五年前に不安神経症の発作や症状が出現し、多くの薬を処方されたり、認知行動療法や精神分析、森田療法をやっても少しも改善しないということで筆者のもとを訪れました。これまでの治療で、むやみに不安・負担・ストレスを増やさない、不安はあってもいいのでそれに振り回されないことが大事、といった基本はわかっているようでした。

しかし「どうしても家を出るのが怖い」「電車には怖くて乗れない」「もう絶望して何もやる気がしない」とのことでしたので、夢を見るならとりあえず夢だけでも持ってくるようにと言っておきました。

そうすると、**「昔の小学校時代の友達と遊んでいる夢」**が現れ、共同連想したところ「昔に戻って一からやり直したい。もっともっと遊びたいのだろう」となりました。しかし実際はやる気が起きず、不安に圧倒される毎日でした。

ある時、**「暗い暗い虚空の中を落ちて行き、怖くて絶叫している夢」**を報告し、彼女は「これが私の現状なんです。如何にひどいかわかっていただけますか」と言いました。そして、「これは真摯に受け止めておきますが、まだ落ちているだけで落ち切ったわけではないですよ。この夢の続きが見られたらいいですね」と言うと、夢の続きなど見られるのかと訝りました。しかし筆者は、

「見なかったら見ないでいいんですよ。それも一つの重大な情報ですから」と言っておきました。

その後、彼女は**「真っ暗なトンネルを進むが先が見えない」**（共同連想　暗闇は変わらないにしても前の落ちるという受動的な状態から進むという能動的行為に移っている）という夢を見ました。四つ目の夢として、**「鬱蒼としたジャングルの中で必死に道を探しているが見つからない」**（共同連想　ジャングルという光のある状態が出ているし、生物もいるので生命力が出てきている）という夢を見ました。

そして、いよいよ重大な五つ目の夢として、**「何か暗黒のような谷を上がり、ようやく眺望の開けるところへ来た。ゆっくり歩こうとしたら、急に崖から落ちそうになった。もう駄目だと思った瞬間に、誰かが綱を投げてくれて、懸命に摑まろうとしている」**といった夢を見ました。

共同連想の結果は、「崖から落ちるのは、これまでどれだけ努力しても駄目だった証。でも綱を投げてくれたのは誰かしら」ということで、これを探っていくうちに、どうも夫のことではないかということになりました。

そこで、夫のことを聞いてみると、ある研究機関に勤めており、そこのリーダーのような立場なので、超多忙の身ということでした。したがって、妻（夢見手）が家を出られなくても無事でいたらいいし、食事も外ですることが多く、本人と話し合う間がほとんどないとのことでした。夫が忙しくなりかけたのは五年前で、ちょうどその頃に発病しています。

そうしたことを聞いた後、筆者は夢見手と相談し、夫とどうしていきたいのか考えてもらいました。すると、やはり話し相手になったり助けてほしいということだったので、夫の協力を要請することにし、夫とともに三者面談をすることにしました。

夫は、その後可能な限り妻（夢見手）の治療に協力すると約束し、休みの日には一緒に外出したりしました。その結果、徐々によくなり、今度は電車に一緒に乗ることになりました。

夫と一緒に行動療法的なこと（最初は電車の中で隣の座席に座る→少し離れた座席に座る→車両の端と端に座る→別々の車両に乗る→すぐ次の電車だが別の電車に乗り夫が次の駅で待っている→目的地を遠くしていく→一人で乗車可能）をして、不安を何とか受け止められるようになりました。

事例D　重症うつ病からの生還

（五十三歳・男性）

この男性は会社を経営していましたが、四十五歳の時に仲間の裏切りに遭い、会社は倒産し、ひどいうつ状態になってしまいました。いろいろな病院で多数の抗うつ剤を試しますが、いずれも副作用ばかりで効果はありませんでした。

カウンセリングを受けても、聞いてくれるだけでアドヴァイスをくれなかったり、くれてもできないような一方的な押しつけ的助言であるし、「結局治るかどうかはあなた次第です」と突き放されるようなことを言われたりして、治療者不信にも陥っていました。

見かねた奥さんが、筆者の本を読んで、気の進まない主人を連れて来ました。本人は如何にも面倒くさそうに話すので、筆者は「これまでの治療や治療者に、大分ご不満があるようですね」と言うと、わかってくれたかという感じで多くのことを話すと同時に、「まあ完全に四面楚歌というより、八面楚歌の状態でまったく出口はありません」と絶望しきっているようでした。とりあえず、「夢を見たら持ってきてくれませんか」と言いましたが、ぶっきらぼうに「夢なんか見ません」と返事がありました。

そこで毎日夢を見たかどうか、見ても思い出せないかどうかを記録してくるように言ったところ、次第に見ているが思い出せないという形になってきました。

そして、いよいよ第一の夢**「田舎にいた小さい頃の祖母が出てきた」**という夢を見ました。共同連想をした結果、「おばあちゃんは好ましい存在。こんなことになって申し訳ないと思う。先生が言われるように『死者は生者のことを心配して出てきてくれているのかもしれない』」とのことでした。

その後、暗い夢（落ちる、倒れる、溺れるなど）が続き、その一つひとつに検討を加え、感情発散と自己理解を図りました。Ｄは、怨みと負けず嫌いの面があることに気づきましたが、なかなかそれをプラスに活かすのが難しいようでした。

そんな中で**「ライブ会場に連れて行かれる。そこでピアノ演奏を頼まれる。自分は昔バンドを組んでいたが、ギターのパートしかやってないのでピアノは無理と断るが、結局、演奏会ではピアノを受け持ち、何とか弾けてしまう」**という夢を見ました。

共同連想したところ「できないと思っていても、できるのかもしれない。自分には潜在的な可能性があるのかも。それに演奏というのは外へ向かっての自己主張だから、何かを始めた方がいいのかもしれない」とのことでした。

それでDは、早速何かをしなければならないと思うのですが、何をしていいのかわかりません。せっかく元気が出たのにと残念がる彼に対して、「まあ、もう少し、様子を見ましょう」と答えておきました。

そうすると、その後**「飛行場にいるが、乗り場がわからない。だいたいどの飛行機に乗るのかわからないようだ。電話をかけたり大変苦労した後、目的地とそこへ行く飛行機が見つかり、そのゲートにたどり着くが、いざ乗ろうとすると切符がないことに気づく。あわててしまうが、どうしようもない」**という夢を見ました。

共同連想の結果「何かをやり出した方がいいし、その気力は上がっているが、まだ目標を決めかねているのかもしれない。それゆえ、事業・商売・経営の基本を勉強し直すこと。またそうするためには今の昼夜逆転的生活を改め、昼間は軽い運動・散歩・水泳・ジム通いなどをして体力を蓄える」ということになりました。

そして、再び会社を起こしたいが、そのためにはまず働いて下の者の苦労も味わった方がいいと考え、今、軽い仕事につきながら、再生の機会を狙っています。

うつ状態は、ほとんど改善しています。

事例E　治療意欲が出てきた統合失調症

（三十歳・男性）

この事例のEは、有名大学とその大学院を優秀な成績で卒業し一流会社に就職しましたが、内向的で猜疑心が強く、対人関係が困難でした。

入社五年目で後輩の指導や難しい仕事が増え、ストレスが溜まり出した時、上司に「自分は会社の皆に迫害されている。自宅を盗聴されたり盗撮されたり、またひどく嫌な噂を流して自分を陥れようとしている」と訴えました。びっくりした上司は事実関係を調べたりしましたが、まったくそのような事実はありませんでした。「いずれにせよ疲れている」とのことで、ある精神科医への受診を命じました。その精神科医は話を聴いて「これは被害妄想。よく効く薬をあげます」と言いましたが、本人はそれにひどく反発し、もちろん薬も飲みませんでした。

困った上司は、今度はカウンセラーを紹介しました。その臨床心理士は話を聴いてくれて苦しみを理解してくれているようでしたが、肝心の「楽になるにはどうしたらいいか」には答えてくれませんでした。

そこで、そのカウンセラーは、筆者を紹介しました。筆者は、被害妄想扱いされている辛さと不安・怯え・疲労の中にいる本人の困難を理解しようとし、一緒に対策を練りました。

その結果、証拠を探すのはいいけれど、証拠が出てくるまでどう過ごすのがいいのかという話になりました。「理屈の上では、不安・怯えを受け止めながら適切に行動する。すなわち仕事に励むということだが、今の状態ではとても不可能。それに夜もほとんど眠れていないし」と言うので、熟睡を助け冷静になるのを促進する意味で安定剤・睡眠剤の服薬をほのめかしたところ、Eは「僕は病気ではないので薬は絶対に飲まない」とのことでした。

筆者はもちろん無理押しせず、「じゃあ、夢のお告げでも聞いて考えませんか」と言うと、案に相違して乗ってきました。

早速、夢を聴くと、彼は最近頻繁に**「檻の中に入れられている。出ようとしているが出られない」**という夢を見ると言った。そこで、共同連想すると「檻の中というのは、正にEの状態のこと。ただ出ようとする能動性・積極性があるのはいい」ということになりました。

その後、第二の夢では**「山道を上がっていくと、突然山が噴火した。溶岩が迫ってきて、噴石が降ってくる。大急ぎで山小屋に避難するが、今度は不思議なことに大洪水が襲ってきて小屋もろとも流される。洪水の中をもがいていると、筏《いかだ》を摑まえることができ、そこに乗れる。そうこうしている間に、ある小島にたどり着く。そこには中年の髭を生やした男性がいて、ある果物をくれる。最初食べたら苦いので止めようと思ったが、食べているうちに元気が出た。その男はいつの間にか消えていた」**という少し長めの夢でした。

共同連想では「噴火や洪水はたぶん僕の怒りでもあり、不安・恐怖でもある。だからこれらに流されて圧倒されているのだが、何とか助かるみたいだ。それから果実は薬のことかもしれない。

飲むのは嫌だが、元気が出るかもしれない」とのことでした。

しかし、筆者はすぐに服薬を勧めず、彼の決断に任せました。その後、同じような夢を見た彼は服薬を決断しました。服薬することで、睡眠が取れ冷静さを回復した彼は「実は自分は病気ではないかと、どこかで思っていたが、精神病とみなされたら、もう終わりだという気持ちと、自分のプライドが許さなかった。でも先生と話しているうちに誰でもかかるもので、このような妄想・思い込みは人間である証だと思えるようになった。薬は早く止めたいが、それよりも自分が健康でいることが大事で、不眠・精神疲労・過度の興奮・過敏さが出てきたら必要な時なので、その時必要な薬を必要なだけ服用していこう」という話になりました。

彼は今、元気で働いており、結婚もしています。

事例F　夢分析を禁止した統合失調症事例（五十歳・男性）

事例は、二十歳代の時に一～二年働いた後、幻聴・妄想・思考滅裂・作為体験などで発症し、一年の入院の後に退院し、以後、障害年金や生活保護などで暮らしていた男性です。社会復帰のために作業所などに通ったりしますが、いつも誇大的なことや空想的なことを言っているため、他の仲間から相手にされず、各作業所や施設を渡り歩く生活が続いていました。またいつも精神科医とトラブルを起こし、主治医が何度も変わっていました。

その彼が、筆者のもとに来たのは、筆者が夢分析をするからとのことでした。筆者は「夢分析があなたの役に立つかどうかは何とも言えません」と言いましたが、彼は構わず、夢をたくさん持ってきました。

それはおおむね性的で誇大的な夢（世界一のグラマーな美女とあらゆる体位でセックスするなど）でしたが、中には**「妊婦の胎内を切り裂いて、中の胎児をうまそうに食べる夢」**だったり、**「女性の陰部や肛門を舐めまわして、自分の舌が錐《きり》のようになって腸にまで達し血が迸《ほとばし》る夢」**など、聞いていて気持ちの悪くなるほどのグロテスクなものでした。

筆者は直ちに彼の現実感覚がどうなっているのかを知りたく思い、「こうした夢を見た後、それを私（治療者）に伝える前に迷ったかどうか」とか、「こんな夢を人前で言うのが恥ずかしくないのか」という点を聞くと、ただただ考えずに浮かんだことを言っているだけだと述べました。

筆者は考えずに喋っているというFの態度を取り上げ、結局考えて話す方が相手との関係はスムーズになり、社会復帰にも繋がるということになりました。

また、これまで夢を報告して役に立ったかどうかを検討したところ、まったく役に立っていないどころか興奮がひどくなり不眠がちというので、しばらく夢分析は中止しました。そして現実の彼の生活が少しでも生きやすくなるように現実の生活の方に話を持っていったところ、比較的落ち着き出し、作業所も一カ所に落ち着いて、現在社会復帰の準備中です。

事例G　夢により行動化が抑えられている境界性パーソナリティ障害

（三十五歳・女性）

二十歳頃より、不眠・不安・抑うつ・解離症状などを発症した女性です。発症後、すぐに仕事ができなくなり、家族関係も相当悪かったため、生活保護や障害年金で独り暮らしや時にはグループホームの施設に入ったりという生活でした。

彼女はすぐに異性と関係ができ、同棲したりといった深い関係になるのですが、かなりの依存と投影・他罰的傾向のため彼氏との間でしょっちゅうトラブルを起こし、そのたびにリストカット、大量服薬、器物損壊、暴力などで、救急や警察のお世話になっていました。

また主治医との関係も安定することがなく、しょっちゅう喧嘩別れして、治療者を転々と変えていました。

そして三十四歳の時、やはりパートナーとの間でもめて、自分のお腹を包丁で突き刺すということがありました。一命を取りとめた彼女は、ケースワーカーの勧めもあって、筆者のもとに紹介されて来ました。

筆者はこれまでの歴史を聴き、治療目標をとりあえずは「感情と行動のコントロール」に置きました。彼女によれば、どうしても怒りが湧いたら何かを破壊したくなったりするし、寂しくなるとともかくにも誰かに依存したくなるし、むなしくなるとやたらと死にたくなるとのことでした。そして、ちょっとでも思い通りにならないと、苛々して過食したり、大量に飲酒したり、薬を飲んだりしてしまい、衝動性がわかっていても抑えられないとのことでした。

筆者は、行動・状態記録をつけさせ、どれくらいコントロールできているか自己観察してもらうと同時に夢を持ってきてもらうことにしました。

彼女はいつも大量に夢を持ってきましたが、全部を検討するのは不可能なので、取り上げるのは一回三つまでにしました。

夢の内容の多くは**「昔や現在の対人関係」「見捨てられたり、孤独感を感じている状態」「うまくいかないで怒っている状態」「空想的願望」**でした。その都度、治療者が「この場合はどうするのがいいのかな」という形で、夢の中での認知行動療法的なことをしていったため、行動化は収まり、現在、社会復帰の準備中です。

事例H　二十年来の心因性疼痛に悩む女性の夢

（二十五歳・女性）

Hは三～四歳の頃、転んで膝を打って以来、痛みが長く続き、手術や検査や治療、また民間医療にまでかかりましたが、なかなか改善しませんでした。むしろ痛みが腰や他の部位にも広がり、日常生活にも支障が出てくるようになってきていました。

そして、ある整体師に「これは心因性疼痛」だと言われたので、筆者（治療者）のもとにやって来ました。

ざっと経過を聴いた後、夢や空想に耽ることが多いということなので、夢（Hの場合、幻覚・ヴィジョン・白昼夢のようなものも混じっている）を持ってきてもらうことにしました。

その内容は、**「川にもう一人の少女と飛び込むが、いつのまにか一人になっている」**（連想 心の中を探っていくのは結局一人でやらねばならない）、**「魔女が洞窟で爬虫類をペットにしている」**（自分の見たくないものが出現してきている）、**「周りが言い争いをしている」**（小さい頃、家の中で父と母、また親戚も混じって言い争いをしていた。心の休まる暇がなかった）、**「一対のひな人形を見つける」**（自分の家の呪いの象徴なのか）、**「幼稚園時代にいじめられた場面が出てくる」**（家だけでなく、幼稚園でも辛い思いをしている）、**「教会のようなところで懺悔している」**（治療の中で、自分の心の暗部までを見つめていく必要がある）、**「トイレで冷水をかけられ、足元から血を流している」**（自分を見つめる時、いつも冷静であらねばならないし、また古血、汚血をいったんは流さないといけないのがとても怖い）、といったものです。

それらのヴィジョンを浮かべるのと並行して、自分の対人関係や職場のこと、特に両親との関係に問題が多いことに向き合っていきました。

その後、両親との大喧嘩などを経て、次第に痛みが減っていきました。もちろん問題はまだまだ残っていますが、痛みは消失しています。

第3章

夢治療の事例2〜詳細事例

1 強迫とうつ状態を呈した女性の例

紹介するのは、遷延性うつ病で、前景に強迫症状のあった例です。強迫とは、不安、葛藤、抑うつなどが本人の意に反して、「強く迫ってくる」ように心に浮かぶことです。

事例I 前景に強迫症状のあった遷延性うつ病の事例

（初診時三十五歳・独身女性）

①発病まで

Iは、両親の夫婦関係が悪く、とても不安定な家庭で育ちました。父は銀行で要職についていましたが神経質で、家が片付いていないと気がすまず、家の掃除に関してよく母に文句を言っていました。母もそれに負けずに言い返すので、夫婦喧嘩の絶えない毎日でした。

父はIに対しても厳格で、いつも怒られていたので、びくびくしながら過ごしました。母は「気にしなくていいのよ」と言うだけで、怒られてばかりいるIを守ってくれませんでした。

Iは学業はよくでき、何とか学校生活を続け有名大学に進学しました。両親の関係はますます険悪で冷えきってきましたが、母は、父がかなりの給料をもらってくるので我慢していました。事実、父は銀行では神経質な面がプラスに出たのか、有能な仕事ぶりだったようです。

Ｉの弟が一人前に近くなった頃、母は以前にも増して父に言いたいことを言うようになり、離婚しかけました。しかし世間体を考え、Ｉが大学三年生の時に、父が職場近くで別居するという選択をしました。弟は大学進学と同時に家を出ており、両親の別居後は、母との二人暮らしでした。

②発病した後

卒業後は有名企業に勤めますが、上司が神経質で、「手洗いをしないといけない」などと細々したことを言われ、そこから手洗いをはじめいろいろなことを異常に気にするようになりました。作業をした後に確認する回数も増え、「これが病気の始まりだと思う」とのことでした。

神経質な上司に耐え切れず、三カ月で会社を辞めてしまいました。大きな挫折感を感じ、自分の甘さや弱さに対して自責的にもなり、落ち込んだ日々を過ごします。これがうつ状態の始まりで、以後、抑うつ感が底流に流れます。

その後、両親のこともあり結婚は考えられず、一生勤められるところとの考えから役所に就職しました。そこでも確認癖などの強迫的行動はありましたが、何とか適応し、男性との交際もできるようになりました。結婚の約束までいった人もありましたが、母が反対して潰すことが、二、三回起きました。その度に怒りと抑うつ感を強めましたが、表に出しませんでした。

二十九歳の時、ある男性と結婚を前提に付き合いだしました。しかしここでもまた母の反対にあい身を引くと、彼から「君はお母さんの言いなりだ」と言われ、ショックを受け落ち込みました。その後は母に反抗するようになり、関係がギクシャクし喧嘩が続きました。

　結局、三十一歳で独り暮らしを始めましたが、今までの強迫観念に加えて、潜在的にあった抑うつ感がいっそうひどくなり、仕事まで休みがちになりました。加えて付き合っていた男性が遠くに転勤したのですが、母に邪魔されるのを恐れ、二カ月に一度しか会いに行きませんでした。こうなると彼も冷めてしまい、またしても破局してしまいました。

　不潔恐怖や確認強迫はずっと続き、三十三歳の頃、不潔な男子職員がやって来てセクハラまがいの身体接触をされるようになり、さらにひどくなり落ち込みも強くなりました。

　そこである大病院の神経科に行ったのですが、上手く説明できず、医師に「気にし過ぎですね。薬を飲んでみましょう」と言われました。薬を飲んでも効果がなく、残念に思いました。

　次に、ある心理療法センターでカウンセリングを受けました。カウンセラーは話をよく聴いてくれ少し落ち着きましたが、話を聴いてくれるだけで具体的なアドバイスがありませんでした。症状もよくならなかったので、本を見て筆者のもとを訪れたのです。

③初回面接

　Ｉのこれまでの歴史を聴いた後、「十二～三年、症状に苦しめられていること」「治療やカウンセリングを受ける努力をしているのによくならないこと」を思いやった後、本人が何を求めているのか聞くと、強迫症状がなくなることだと言うので次のような対話を行いました。

治療者…あなたの言う強迫症状は、どんなものですか？

本　人…いろいろと、気になって仕方ないんです。鍵をしめたか、ガスの栓は大丈夫か、電気のスイッチを切ったかとか……。それに職場ではちゃんと封をしたか、書類の書き忘れはないかとか、考え出すとすべてが気になります。最近は週末も家で寝込む状態で、毎日が憂鬱です。

治療者…あなたは、気になることがなくなってほしいのですね？

本　人…そうなんですが、無理でしょうか？

治療者…そうですね、あなたにとって辛いことを言うかもしれませんが、いいですか？

本　人…はい（少し身構える）。

治療者…あなたが気にしていることは、生きていれば当然起こることだと思います。それに鍵やガス栓や封書などの確認は、生きていく上で必要なことではないでしょうか？

本　人…おっしゃることはわかりますが、私の場合は異常だと思います。うまく言えませんが、度が過ぎるんです。程度がひどいと言うか……。

治療者…では普通の人と比べて、何倍ぐらいひどいのでしょう？

本　人…うーん。十倍以上はひどいと思います。

治療者…十倍もひどいのは、どうしてなのか考えられますか？

本　人…うーん。わかりません。やっぱり気にし過ぎなんです（患者は質問が手に余ると、同じことを繰り返し答えるだけなので、答えやすい質問に切り換える必要がある）。

治療者…いいですか。例えば、気にするのを取ってほしいと考える人と、こんなのは気になって当然だと考える人と、どちらが気になるのがひどくなると思いますか（精神交互作用についての質問です）？

本　人…前の方なんでしょうね。気になるのがなくなってほしいとばかり願っていました。

治療者…そうすると、治療目標は気になって当然と考えることでは？　例えば、ガス栓をしめたかなどは気になって当たり前ですから、気になりながらどうすればいいと思いますか？

本　人…わかりません。とにかく気になって仕方がないのです（気になって当然と言いながら、また気になることの除去という不可能な願望を抱いています）。

治療者…それで確認を繰り返すんですね？　繰り返すと気になることがなくなりますか？

本　人…なくならないです。

治療者…それでも、あなたは今まで、気のすむまで確認しようとしていませんでしたか？　まったく確認しないのと百回確認するのでは、どちらが気になるのが減ると思いますか？

本　人…それは後の方でしょうけど、異常だし時間がかかって生活できません。

治療者…そうすると、まったく確認しないことにしますか？

本　人…そんなこと、怖くてできません。

治療者…百回の確認も、時間がかかり辛い。しないのも、不安で辛い。どっちも辛いですね？

本　人…そうなんです。一体どうしたらいいですか？

治療者…〇回から百回までに限れば、一回の確認だと安心できるかもしれないが足りない、十回確認すると安心が増えるかもしれないが、時間がかかるので辛い。どれを取っても辛いとすれば、どの辛さを選ぶのが自分にとって一番ましかを決める必要がありますね。

本　人…どれを取ったらいいんでしょう？

治療者…それ、私が決める方がいいですか？　あなたが決断する方がいいですか？

本　人…きっと、私なのでしょね……。

治療者…では、何回ぐらいの確認が一番辛さがましですか？

本　人…うーん。……二、三回ぐらいでしょうか（彼女なりの決断ができたということです）。

治療者…よく決断しましたね。そのぐらいを続けられると、気になって当然だという気持ちに近づくと思いますよ。

本　人…そうなるよう、頑張ります。

解説１

初回面接でしたことは、まず強迫の構造を明確にしたことです。

◆強迫のもとの不安や気掛かりは、消失は不可能で、回避できない人間的命題であること。

◆確認や手洗いは、絶対の安心をもたらさず相対的有効性しかないこと。

◆強迫を消そう消そうとすると、よけい強迫観念が強まること。

◆「絶対の安心」という不可能な願いを求めて確認を繰り返す中で、自分が異常な行動に陥っているという意識を持たされていること。

◆問題点の中心は、「相対的有効性で構わない」という覚悟や決断ができないこと。

二番目として、治療目標を設定したことです。

◆不安、気掛かりはなくならない、異常ではないという認識を持つこと。

◆相対的有効性で構わないという覚悟をすること。

◆不安を持ちながら、確認を何回にするかは本人が決断すること。

初回面接で、強迫の原因が「絶対の安全」「気がかりのなさ」に執着する点だと気づいてもらい、そこからの脱却のために程々の確認を彼女自身に判断・決断してもらいました。

夢をきちんと扱うためにも、初期の治療作業（本人の状況理解、辛さの共感、正しい現実的治療目標の設定）を丁寧にやっておくことが大事です。

④行動療法的接近と薬の使用

次の面接では、「気になって当然」と言われ少し気持ちが楽になったものの、長年の癖からか、打ち切るという決断ができないようでした。そこで治療者は「長年の積み重ねがあるので、簡単に止められなくて当然ですよ」と思いやりました。そして、確認する前に決断して確認したか、流されるままに確認してしまったかを区別することが大切なので、行動療法的接近（寝る前に今日一日の決断がどれだけできたか、○、△、×をつける）を採用しました。

さらに、緊張がかなり強いため、こうした自覚の維持や決断を助けるための補助としての安定剤・抗うつ剤（抗うつ剤は強迫症状にも効く）の投与を提案したところ、これも受け入れられました。そうすると少し改善し、確認行動は減ってきました。

⑤抑うつ感や不安感の増大、夢を使っての探求開始

問題は、解決したわけではありませんでした。強迫はましになったものの、背後に隠れていた抑うつ感、意欲低下、疲労感が前面に出てきました。また、何か言い知れぬ不安感やむなしさも強くなってきました。そこで原因を探ろうとすると、原因が思いつかないということでしたが、夢を見ると言うので持ってきてもらうことになりました。

解説2

夢は、無意識や神や仏といった超越者からのメッセージだと言えますが、必要な時に出てきてくれるのです。

第一の夢

最初の夢は、**「湖の中の船に妹と一緒に乗っていて、大事な紙を何度も落としかけるが、あやうく受け止める。目の前には鴨の一団が整列して飛んでいる」**というものでした。彼女の連想は、「何故か、父や母を思い出す」というものでした。この夢は、初回夢や展望夢という性質を十分に持っているでしょう。

まず「湖で船に乗っている」という点は、水や湖は、感情や心の象徴と捉えてそう間違ってい

ません。「船に乗っている」ことは、心の探究、特に自分の感情を見つめる旅に出たと取れそうです。彼女の心的状況からして、遊びに行くという気楽なものではないでしょう。

具体的には、筆者との治療をさらに進めるということでしょう。ただ一人では怖いので、自分の分身とも言うべき妹（彼女の影のようなもの）に付き添ってもらう必要が生じたのです。ボートではなくて船という一応安全な乗り物なので、これは今までの治療関係や治療内容に安心していると捉えていいでしょう。海などの広大で恐ろしいものへの出発ではなく湖という限られた場所での航海だから、より安心感を持っているようです。

妹についてもらわねばならないのは、不安（新しいことへの探究）が強いことを示しています。

それと関連するのが、「大事な紙を何度も落としかける」という箇所です。大事な紙だから、大事なことが書かれているのかもしれません。それは、彼女のこれまでの生活史かもしれないし、彼女の無意識、治療記録、治療者との治療契約書かもしれません。いずれにせよ、持っているのが負担または不安なのだろうという感じが、「落としかける」というところに現れていると思えます。しかし彼女は、それを受け止めて行こうとしているようです。

今度は空に目を移すと、鴨の一団が飛んでいるのが見えます。「鴨の一団」とは、鴨がカルガモ親子に象徴されるように、群れて飛ぶ鳥であり、親子愛や家族愛に溢れた家庭を連想させます。整列していることで、秩序だった不安のない家族・人間関係を希求しているのでしょう。ここでの整列と彼女の強迫も関係があるのでしょう。

そうした安定した団結と連帯に満ちた秩序だった家庭が手に入るかどうかは、まだわかりませんが、彼女が下（湖、無意識）の方だけでなく、上の方（清く明るく澄んだ空の世界）を目指しているのも船出と同様に治療に希望が持てそうな要因です。

この夢と連想を聞いた後、筆者が「私も鴨の一団から、家族を連想します。それと湖や治療への船出に少しためらっているのかな？」と聞くと、「そうなんです。何が起きるのかと思うと心配です」と答えました。「問題点を探っていく上で、そういう不安は当然だと思いますが、私という同行者がいるから安心してください」と伝えると、安心したようでした。

第二の夢

一週間後にすごい夢を持ってきました。**「殺された人が横たわり、犯人が身元がわからないように顔をナイフでめちゃくちゃにする。犯人の友人が、その周辺に火をつける。場所は家族がかつて住んでいた団地のような気がする」**ということでした。

連想は、「母に腹が立つ。犯人は私で、殺されたのは父と母だ」といったものでした。

第一の夢と違いかなり激しい夢で、核心部分が出てきたという印象があります。心の深層や無意識の探究の旅に出た彼女が、最初に向かい合わされたのは母への感情、それも攻撃的感情だったようです。今まで秘めていた母への攻撃性や怒りを、ようやく夢の形で出せました。

一人だと大変なので、友人という分身に手伝ってもらわねばなりませんが、火が燃えるほど怒りが激しいのかもしれません。めちゃくちゃにしたのは母の顔であると同時に、表面上、母に対しても誰に対しても従順にしていた自分の仮面だったのかもしれません。いずれにせよ、これは怒りをはじめとする自由な感情表現や自己主張の始まりになるかもしれません。

殺す夢は、実際に誰かを殺す予告と言うより、自分の中のある部分を殺して再生したいということが多いです。ここでもそう取ってもよさそうです。また、火事や火をつけることも攻撃性の現れと同時に、「燃やして清算する」という再出発の意味があります。だから第二の夢は、さらに新たな出発（母に従属していた自分から母に怒りを表現できる自分へ、大人しい仮面を脱ぎ捨てる自分）になるのかもしれません。

治療者はこうした連想をもとに患者と話し合い、彼女に「思い切った夢ですね。何かの転機でしょうか」と言うと、大きくうなずいたようでした。

⑥感情表現や自己主張が可能になる

この夢が転機になり、彼女は今までの歴史を、初めて詳しく語り出しました。それが先述した発病までと発病後の歴史ですが、内容のすごさに比べ語り方が淡々としていたため指摘すると、「自分は感情を押し殺すところがある」と、ちょっとショックなようでした。

次回の面接で「前回のカウンセリングで非常に疲れて放心状態となり、不安に襲われ仕事を休んでしまった」とのことでした。治療者が「治療過程ではよくあることです。あれだけのことを語ったのですから大変だったと思います。それに今は外的より内的な仕事にエネルギーが向かっているので、仕事を休んでもいいんですよ」と説明すると、ほっとしたようでした。

そして、「前回のカウンセリング後に疲れたのは、内にこもっていた感情が出てきたから」「今までは自分を守るために、気持ちを抑えてきたと思う。職場でも感情的な発言を抑えたり、楽なところに替えてほしいという欲求を抑えてきた」と言いました。その後は夢を交えて、今までの感情の表出と整理といったことが主な治療作業になっていきました。

第三の夢

「深夜、夫婦喧嘩をしているので外で遊んでいる男の子を一晩預かる。そこは前に住んでいた団地。知らないうちに女の子がもう一人増え、二人とも私が面倒を見る」といった夢でした。

彼女の連想は「男の子は弟で、女の子は自分自身。両親が喧嘩といった勝手なことばかりしているので、自分で自分の面倒を見るより仕方なかった」というものでした。

この夢を中心に、次のようなさまざまな感情が表現されました。

- **父への気持ち…**厳格で口うるさく、そのくせ自分勝手で、自分の都合で子どもを叱っていた。
- **母への気持ち…**父から、私を守ってくれなかった。母も自分のことしか考えていなかった。ある面で、父以上に干渉的で支配的だった。
- **自己不全感と最初の就職の挫折感…**こんな父母に育てられ、いつもびくびくして自信がなかった。これで社会人になれるのかと思っていたら、案の定、最初の仕事ができなくてがっくりきた。

・**結婚できなかったことへの後悔…**いつも結婚直前で、母に潰されていた。母は私が幸せになるのを妬んでいた。

この連想にあえて付け加えると、彼女が喧嘩や争いを避けて家を出られていることは、一つの進歩であり成長と思えます。また子どもというのは、純粋で無邪気でこれから発展していくエネルギーを持っているもので、やはり彼女の一つの側面を表し、この「男の子的側面」を自分の中で育てようとしているのでしょう。それと並行して女である自分が、他者（男の子）を養育できる人間に成熟していきたいということも表しているのかもしれません。

もちろん、男の子を養育して、成人の男性に成長した暁には、その男性と結婚するという結婚願望を示しているのかもしれません。いずれにしても、争いの絶えない家や環境から脱出して、自分自身の平和で安らかな家庭を築きたいという希望の表れでしょう。

第四の夢

続いて彼女は、四つ目の夢を見ます。**「駅で産気づいた女性がいた。病院にも行けないようである。仕方ないので駅長室で出産することになり、何故か私が助けることになる。かなりの難産ですごく心配したが、何とか出産できた」**というものでした。

彼女の連想は「父と母は、私が生まれたことを喜んだのでしょうか？　難産だということは、産ませたくなかった、産みたくなかった」ということでした。また一通り、彼女の底にわだかまっている両親への不信感や恨みの感情を語ってもらいました。

筆者の感想としては、確かに難産が「生みたくなかった」という両親の思いを表しているというIさんの気持ちの表れとも取れますが、「このような両親のもとに生まれたくなかった」という思いの表れであるかもしれないという気もします。

さらには、いろいろ困難なことはありますが、新しい何か、新しい自分が生まれるということかもしれないし、先の夢の結婚願望に引き続く出産願望を表しているのかもしれません。

第五の夢

こうした感情表出の後、今度は少し色合いの違う二つの夢を見ます。

一つ目は**「父が暴力団に発砲され、私の家に助けを求めに来たが、私は川の底から石を拾うのに夢中で、父は死んでしまった。死んでいく時、かわいそうに思った」**というものでした。

話し合いの結果、「ここでの父は、母でもある。父（母）は、強そうに見えたが内心びくびくしていて、誰かの助けを借りたかったのだろう。私は今、父（母）に干渉されないで、自分自身の堅い意志（石）を見出していくつもり。ただ父（母）は悪いことをしていたし、私は父（母）の弱さを許せない気持ちも強いが、一方で父（母）をかわいそうにも思う」とのことでした。

この夢も彼女の連想で尽きますが、少し付け足すと、この夢は三つの場面に分かれます。

最初の「父が暴力団に襲われる」というのは、「勝手な振る舞いをしていた両親は誰かに襲われでもしたらいいのに」という彼女の心情を表していると同時に、「そうなったら心配」「本当は助けたい気持ちもある」という優しい気持ちの芽生えでもあるでしょう。

第二の「川での石拾い」は、両親に構わず自分で自分の目標、幸せを見つけようとしている姿が目に映ります。ここで石から、「賢者の石」（自己実現の目標でもあり、万能薬）、宝石、結婚指輪も連想しました。両親から離れて、自己の変容過程をたどろうとするIがいます。

第三では、初めてはっきりと両親への愛情を表しています。自己実現は自分だけの作業ではなく、他者をも癒す「他者実現」でもあるのです。

第六の夢

もう一つの夢は、**「悪いことをした犯人が追われて、高いところから飛び降りる。その飛び降りた犯人を見つけた女の人が悲鳴をあげる。捜していた刑事二人が犯人と横にいた女の人を捕まえる」**というものでした。

この夢について話し合ったところ、「犯人は前に付き合っていた人で、女の人は私。彼はせっかく高所から飛び降りるつもりで私のところへ近づいて来たのに、私が戸惑っている。結局、私は付き合っている時、真剣なのかどうかわからなかった。捕まえられたのは、はっきりしない悪い態度を咎められているのだと思う。結婚できなかったのを母のせいにしていたが、実際は自分の意志がはっきりしなかったのも問題だと思う」という連想を語りました。

この夢の大事な点は、自立できなかったのは自分の意志の弱さだと、認めていることです。

その他の夢

その他の夢として**「お金を返してくれと交渉している」「課長に宴会には出ないと言っている」「苦手なカラオケで歌いまくっている」「大胆な水着で泳いでいる」**があり、全体として自己主張がはっきり出ています。Ｉも「普段の自分とはずいぶん違う」と連想しています。
これらの一連の夢は、自己主張能力、拒絶能力の増大を表しているだけでなく、日頃できなかった自己表出や肉体を使っての動きなども出ています。夢の中で伸び伸びして活動しているＩがいます。この後、彼女は実際に自己の要求をはっきり出したり、嫌なものは嫌と言えるようになりましたが、夢が先取りしてくれていると言えます。

⑦感情表出後の改善、新たな男性との付き合いと婚約、治療終結

その後Ｉは、「そんなにしんどくない。気分もいいし憂鬱感もほとんどない。仕事も順調で早く帰るようにしている。強迫観念も気にならないし、手洗いや確認もない。こんなことは初めて」とのことで、長く続いたうつ状態や強迫症状から脱することができました。

幸いなことに、職場の先輩（五年前に食事に誘われてから何となく親しかった。ずっとＩを好きだったが、交際が深まらなかった。最近急接近し、今は週に三回ほど会っている。誠実な人で、彼といると気が休

まる。いずれ結婚するつもり）と付き合い出しました。「母が反対しても自分の意志を貫く」と、はっきり述べました。事実結婚し、幸せに暮らしています。

治療終結時に彼女が言うには、「二十三歳の時に強迫観念が出てきたのは、両親を見て自分は一生結婚できないと考え、仕事しかないと思っていたのにうまくいかず、ショックを受け落ち込んだせいだと思う。そして、落ち込みや両親に対しての怒りの感情を抑え過ぎていたのだと思う。ずいぶん自分が変わり、今の自分を受け入れられるようになってきた。振り返って考えると、この十二年間かろうじて適応してきたように思う。でも、今は調子はいいし、安らいでいる。時々は確認癖が出るが、ずっと続いていた憂鬱感はほとんどない」とのことでした。

⑧総論的解説

Ｉが、絶対の安全という不可能な願望に執着し確認癖に陥ったのは、ほどよい確認という態度を取れなかったからです。そうなったのは主体が未形成であったとも言え、強迫症状の背後に強い抑うつ感や自信のなさが横たわっていたのです。背景には、父母の問題点があります。

Ｉが十二年間かろうじて、抑うつ感にもかかわらず社会適応ができたのは、それなりの強さがあったからです。だから比較的短期間に、自己の執着への気づき、決断の重要さの自覚とその実行、夢を契機にした感情表出と自己主張、自立などを成し遂げ、強迫症状とうつ状態から解放され、心の安らぎと結婚という内外の幸せを手に入れたと思われます。

うつ状態と強迫症状は関係が深く、しばしば両者が合併したり、本事例のように、うつ状態を防衛するために強迫症状が出ている時もあります。治療では夢の役割が大きいですが、忘れてならないのは夢分析までの各過程です。こうした準備があるので、夢が活きるのです。

こう見てくると、夢が見事に羅針盤を示してくれているようです。

2

離人症状を伴う遷延性うつ病治療の夢利用

「見ている風景に現実感や生き生きとした実感が湧かない」「自分の身体が自分でないみたい」「自分がいることが実感として感じられない。自分がしている感じがしない」という訴えで代表されるように、離人症状は、外界意識面や身体意識面、自我意識面で、生き生きとした実感が失われることを指します。離人とは、「生き生きとした人格感が離れてしまった状態」と考えればいいでしょう。日頃馴染んでいる空間や自分自身が失われたことになり、行動面そのものは変わらないにしても、本人にとっては相当苦しくて辛いことです。

離人症は、辛い体験をきっかけにして起きることが多く、背後にうつ状態の存在が見られることもあります。また解離性障害の一種という捉え方もされています。要するに、疲労・不安のために感情だけが解離して、感情を感じ取れないということです。

事例Ｊ　離人症（うつ状態が背後にあった）の事例

（二十八歳・独身女性）

①初回面接

Ｊは、「物事を認識しにくい」「仕事がしにくい。記憶力、集中力が悪くなった」「人とのコミュニケーションの取り方がわからなくなった」という訴えを持ってやって来ました。

三カ月前から出てきたらしく、治らないだけでなく、いっそうひどくなっているようなのでとても心配していました。特に脳がどうかなったのではないかということ、自分がとてつもなく変な体験をしているのでは、何か異常な人間になったのではということを気にしていました。

そこでとりあえず、ＭＲＩやＣＴ、脳波検査をして、異常がないことを確かめました。

解説

こうした訴えの場合、まれに脳に器質的障害がある場合があるので、検査は重要です。異常がなかった場合は、安心感を持って治療できるし、何よりも患者を安心させられます。

②訴えの掘り下げ

訴えを詳しく聴くと、「物事を認識しにくい」とは、物事を知覚はできるが、実感としてあると感じにくいということでした。治療者は離人感を疑い、それを念頭に置いて聴いていきました。

すると、「自分と外界の世界が違う。外界に違和感を感じる」「自分と外界の間に厚いベールがある」「何を見ても、現実感、新鮮さ、生き生きとした感じを持てない」「はっきりしない感じと言うか、夢の中にいるような感じ」「自分がしていると頭ではわかっても、自分が何かをしているという実感がない」といった離人症状があるとわかってきました。

それでJに、「これは離人感と言って、人間が疲れたり辛い目やショックに陥ったり、憂鬱な感情を持っていると出やすく、訳のわからない異常な現象ではない。でも、辛い体験には違いないので、この解明と解決を援助したい」と言うと、安心したようでした。以下がその際の対話です。

本　人…それは、わかりました。でも何故辛い目に遭うと、離人症が起きるのですか？

治療者…辛い目に遭った時、あなたはがっくりして自分を嫌に思う方ですか？　それとも、辛い目に遭うのは当然だから、負けないでおこうと思う方ですか？

本　人…今は、自分を嫌になります。

治療者…自己嫌悪、自己否定が強まるということですか？

本　人…はい、今、とても自己否定が強いようです。

治療者…自己否定が強いと、自分の感じや感じている世界も否定したくなる。だから、頭では知覚していても、実感として生き生きと自分の感じている世界を感じにくいのです。もう少し言うと、生き生きとした人格的感情が、自分から離れていってしまうので、離人症状と名づけられるのです。如何ですか、私の説明は？

本　人…何となくわかります。それよりこれが離人症状で、治療できるとわかり安心しました。

離人感に悩む方は、最初、訳のわからない異常な体験に陥ったのではという恐怖や戸惑いに、圧倒されていることがよくあります。まずはそれに名前をつけてあげること、離人症状の機制を伝えてあげることが大切です。たとえ説明が十分わからなくても、何かいわくがあるのだなと感じるだけでも安心感は違います。

Ｊの場合、自己嫌悪、自己否定が強いようで、そこから関連するうつ状態が推測されます。

③発病までの歴史

離人症状の解明のために詳しい話を聴くと、Ｊは少し安心したせいか、協力的でした。

Ｊは北陸の旧家の出身で、母親が躾にひどく厳しく、干渉してきて自由にさせず、Ｊの心に平気で侵入してきたとのことです。世間体をとても気にし人を家柄で差別したり、とにかく体面ばかり言われて窮屈だったのです。小さい頃から勉強ばかり強制されて、伸び伸びできませんでした。父は穏やかな会社員で、Ｊにとってはほっとできる存在だったのですが、母に逆らうことはなく、Ｊを守ってくれず母側についてしまうとのことでした。

その結果、どうしても表面的には母に合わせてしまい、自己主張のできない性格になったとのことです。非社交的で引きこもりがち、友達は少ないといった状態でした。その少数の友達にしても、腹を割って何でも喋れるわけではなく、表面的な付き合い程度でした。

知的には優れていたので成績は優秀で、これに対しては密かにプライドを持っていたようです。

だから、勉強や読書にかなり精を出していたとのことでした。しかし中学時代から、自分は何となく人と違うという違和感を感じており、それは今でも続いているとのことです。

勉強好きな彼女でしたが、さすがに、高校の後半ぐらいから疲れてきたのか、勉強に身が入らなくなり、何に対しても意欲が低下していきました。

解説

彼女によると、「この頃が、うつ状態の始まりではないか」とのことですが、それはたぶん、正しいでしょう。いくら勉強ができても、対人関係の支えがないと、人は自分自身を支えたり自分に自信が持てません。これが高校後半に露呈して、軽いうつ状態を引き起こしたのです。

今までのプライドに支えられ、治療を受けるまでには悪くならなかったのだと思われます。

軽いうつ状態により、Ｊからすれば不本意な大学に進学することになりました。家族からは、「あなたの成績でこんな大学なんてね。でもまあ女の子だし、しょうがない」と言われ、いっそう憂鬱になりました。入学後は、同級生たちは、おしゃれや遊び、異性関係に夢中で、まったく話が合いませんでした。授業中に私語をする学生が多くても、先生は注意しません。授業を熱心に聴こうとしているＪにとって、それはさらにイライラするものでした。

ある文科系のサークルに入ったことが、Ｊの救いでした。そこには少しは話の通じる仲間がいて、ほっとできました。そしてＪは、先輩の男子学生を好きになります。彼は、彼女の好きな文学や哲学の話によく付き合ってくれ、Ｊにとっては支えになっていました。

Ｊは、彼も自分を好きに違いないと思い込んでいたのですが、ある日、彼に恋人がいることがわかりました。本人のショックは相当なものでしたが、決してそれを表面には出さず、自分でも「たいしたことではないんだ」と言い聞かせようとしていました。

それはある程度成功したようですが、その頃から外界を見ても現実感が湧かない感じが出てきました。しかしＪは、それに対しても蓋をして気に留めようとしませんでした。

解説

Ｊは面接中に、この失恋事件が離人症状の始まりだと思うと述べています。「嫌な現実をカットするために、全部の現実をカットしてしまった」と言っており、離人症状を呈することで、辛いことに直面しなくてすんだのです。

考えてみれば、Ｊは失恋だけではなく、対人関係の少なさや薄さ、深いところでの自信のなさ、うつ状態、不本意な大学への入学、同級生との著しい違和感といった辛い現実があったにもかかわらず、それらに向き合ったり、自分の問題点を考えることができていなかったようです。加えて、直面を避けたために生じた離人感にも向き合えていないと言えます。

その原因は、Ｊの物事を知的に処理しようとする態度、知的に優れていること、プライドの高さといったことが関係していると考えられ、実際に面接の中でそう述べています。

このように離人症状は、うつ状態を防衛したり覆い隠す働きをしているとも考えられます。

大学生活が終わりに近づいても、自信のなさ、離人症状、うつ状態があるせいか、気が晴れないでいました。この時Ｊは、北陸の風土や家の雰囲気が自分に合っていないと考え、憧れていた古都Ｋ市で就職しました。家族の反対を押し切りＫ市で生活し始めたＪは、最初の頃こそお寺めぐりや美術館観賞などを楽しみ、独り暮らしの煩わしさのなさを喜びます。しかし次第に会社内での人間関係がしんどくなり、一年で辞めることになりました。

次の会社でも、てきぱき仕事をこなすのですが、人間関係が辛くなりました。特に昼休みや、飲み会が苦手でした。前のことがあるので頑張ろうと思いましたが、結局は二年で辞めました。

これはさすがにこたえたのか、パソコンの資格を取り、対人関係の少ない会社に就職しました。予想通り対人関係は少なかったものの、Ｊは正確で迅速に仕事をこなすため、上司の期待が集まり仕事を多く任されました。断ったり自己主張するのが苦手なＪは、それらを引き受けますが、しだいに辛くなり、背後に潜んでいた離人症状とうつ状態が顔を出してきました。

ぼーっとすることが多くなり、上司からも注意を受け、最初の主訴のようなことに悩み出しました。当然、仕事に集中できず、ドアにぶつかったりすることもありました。苦しんでいる中で、事情を知らない先輩から、頼んだ仕事ができていないことをなじられる事件が起きました。

会社を辞めたくなりましたが、もう三度目なので意を決して精神科を受診しました。しかし「疲れているだけ、薬を飲めば治ります」と言われただけでした。Ｊは、ほっとすると同時にちゃんと話を聴いてもらえなかったという矛盾した気持ちを抱え、薬も効きませんでした。脳がおかしくなったのではと心配をしたJは、「いのちの電話」に相談して筆者を紹介されました。

④うつ状態とその対応

治療者との間で、苦労して自分の歴史を再構成したJでしたが、ほっとすると同時に次第に抑うつ感が強まってきました。

「これまで自分は、かなり優れた人間で、こんなふうになったのも運が悪く、人に恵まれなかったせいだとしていた。でももともとは人との関係も築けず、自分の問題点を見ることを避け、プライドだけはやたら高いどうしようもない人間だ。それに、もう三十近くなってきて、将来に何の希望も持てないし、どうしていいかわからない」とのことでした。この抑うつ感はあまりに強く、希死念慮や意欲の著しい低下もあり、仕事ができなくなってきました。

治療者は、今は内的作業の方が大事なので、休養の処置を取り、抗うつ剤の投与をしました。これで本人はほっと一息つけましたが、根本の抑うつ感はあまり変わりませんでした。

これに対して治療者は、次のようなことを伝えました。

◆あなたは、悪いところだけでなくよいところ（知的に優れている、感受性が豊かである、内省がよくできる、ひたむきなところなど）もあるが、今は悪いところしか見えていない。

◆今は調子が悪い状態になっているので、悪いふうにしか考えられないのだろう。

◆調子が落ち込みうつ状態が強くなったのは、今まで蓋をしてきたことに向き合っているせいで、これは治療過程の中で必ず起こることである。

◆思い出しつくすことによって心は整理され、過去にこだわらなくなると思う。

◆今は暗いトンネルにいるがいずれ光が見えるから、早まった行動をせずに待っていてほしい。

これを聞いたＪは、「私も先生の意見には、理屈ではそう思うんだけど、この落ち込んだ気分だけはどうにもならない」と述べ、治療者は困りました。ただ、不眠に悩むＪに睡眠のことを聴く中で、時々夢を見ると言うので、持ってきてもらうことにしました。

⑤十一の夢の報告

夢については、彼女の連想と治療者の感想を中心に話し合いました。この時、次の二点を何度も注意をしておきました。

◆夢の意味に絶対的なものはなく、夢は連想を広げ、自分の心を整理させてくれる補助薬のようなものなので絶対視しない。

◆この夢は自分の役に立っているかどうかということを考えるべきで、この夢はこういう意味といったパズル解き的なことは避ける。

以下に、主な夢とそれに関して本人と共有した点、筆者の解説を記します。

第一の夢

「大地震に遭い、火災が発生し、逃げまどっている」

共有した点

おそらく地震は、自分のプライドや知的に処理するといった今までの態度が崩れ出しているのだと思います。火は、それまで抑え込まれていた私の怒りや種々の感情でしょう。これまでの姿勢が崩れ、感情が一挙に出たので火事のようになり、私はどうしていいかわからず逃げまどっているのだと思います。

でも先生が言うように、こういう激しい体験をして、右往左往した方がいいのかも？

解説

地震は彼女の感じているように一種の自己変革、態度の変化と関係するのでしょう。また、地割れというように連想すると、無意識の扉が開いたことになるかもしれません。火事は、怒りだけでなく本人の情熱・感情の炎のような気がします。

さらには火事で燃えつくして、今までの自分を一挙に清算したいのかもしれません。逃げまどっているのは、まだそうした変革に当惑している自分もいるということかもしれません。いずれにしろ、離人感を補償する生々しい実感のこもった夢であり、初回夢にこうした夢が出てきているのは、治療に希望を与えてくれます。

第二の夢

「田舎の人たちや親戚が、私のマンションに深夜押しかけてくる。ひどく不愉快な感じがしたが、表面は笑ってお茶を出している。

場面は変わって、高校の先生と一緒にお葬式に参列している。誰かが死んだらしいが、悲しいという感じはしない。でもその尊敬していた先生の落ち着いた優しい笑顔が印象的だ。

場面がもとのマンションに戻り、私は下剤を飲み物に入れて、客に出している。お腹の調子が悪くなった客たちは出ていく。『やった』という気持ちと、こんな恐ろしいことをしていいのかという罪悪感を抱く」

共有した点

第一の場面は、私のいつもの周りに合わせ過ぎる態度が出ていると思いますが、はっきりと不愉快感を感じています。夢の中では離人的になっていません。

第二の場面は、たぶん、私のお葬式なのでしょう。古い今までの私が死んでいくのだと思います。でも新しい自分が生まれるのか……。

第三の場面は、普段の自分だと考えられない思い切ったことをしています。どんな形でも自己主張するのもいいのかも……。現実でこんなことをしてしまうと怖い。

この時の爽快感や罪責感は、ありありとした実感を伴っています。夢の中で離人感を感じないのは嬉しいことです。

解説

親戚は、一般の人や外界の現実的用事を指しているのでしょう。第一の場面は、初回夢の激しさとは逆に、控えめで従順なJが出ています。夢は、いつもバランスを取りたがるようです。

しかし、第二の場面では様子は変わります。お葬式はおそらく自分の分身、大人しく人に従う部分のお葬式でしょう。これにより再生できるか否かは本人次第ですが、落ち着いた先生が横にいるから大丈夫だという感じを持てています。この先生は、実際の高校の先生かもしれないし治療者かもしれないし、彼女が頼りたがっている人全般を指すのかもしれません。

第二の場面で再生したJは、第三の場面で最初の場面とまったく違った面を出します。この下剤入れ行動は、攻撃性の一つの現れで将来の自己主張につながるかもしれません。また悪戯的感覚もあり、周りから「こんな自分もいるんだ」と注目されたがっていることも考えられます。さらには、下剤でもって自分や世間の嫌なところを全部出しきってしまいたい気持ちとも解釈できます。いずれにしろ、変革の始まりから再生への一歩です。浄化の意味もあるのでしょう。

第三の夢

「犬が惨殺されて、血だらけになっている。周りの人は、私が犯人だと言う」

共有した点

周りの人は、自分の分身、特に自分を監視する部分だと思います。犬や動物一般に対しては、複雑な感情を持っています。皆のように「可愛い」という思いと、「不潔で世話されているだけで嫌い」という気持ちもあります。

自分に動物を殺したいと思うほどの残酷性があったのは衝撃的ですが、先生が言う「思うだけだったら何を思ってもいい」のだと思います。自分の中の攻撃性を見つめていきます。

解説

一見したところ、これはまた何とも残酷な夢であると感じられます。ただ、「犬が殺される」ということを冷静に考えてみた場合、次のような解釈も可能です。

犬は人に一番近い動物であり、人間に一番従順です。犬は彼女の従順な部分を表し、それを否定しようとしたのでしょう。つまり犬（従順さ）を殺すことで、自分を生まれ変わらせたかったのかもしれません。だから、第二の夢の第三の場面の続きと考えていいでしょう。

もちろんそれ以外に、彼女も普通の人間と同じような残酷な面や攻撃的・破壊的な面を持っているので、それから目を背けず向き合うことが大事だという意味もあるでしょう。

第四の夢

「男女数人でトランプをしているが、私は前の先輩を探していた。周りに注意されて、はっと気がついた。彼は現れるはずはないと」

共有した点

おそらく、潜在的に彼に執着していたのでしょう。でも、現実ではあきらめられませんでしたが、夢ではあきらめています。彼のことは思い出として、前を向いていこうとしています。

解説

やや現実に近い夢です。自分の感情が出ると、夢が本人を現実に連れ戻します。夢は現実を受け入れるよう要請しますが、同時に彼にこだわらず再出発してほしいと伝えているのでしょう。現実は現実と受け入れ適切な行動をし、思わぬ希望がかなったら受け入れていいでしょう。

第五の夢

「野良猫の一匹を抱いて遊んだりしている。手触りはゴムみたいで、まだ気持ちのいいものではないが、猫を抱いて家の外へ出ている」

共有した点

私に、動物を愛する気持ちがあったのかしら。初めて抱けたのは嬉しいけれど、夢の中でも気持ちよくとはいきません。でも私は、自分を保ち動物的感情を大事にして再び社会に出たい。

解説

第三の夢の逆の面が出ています。Ｊは概して動物が苦手なようですが、動物の肌触りを実感として感じているのはいいことです。猫という自己主張的動物を可愛がり、自分を出そうとしているのかもしれません。猫の表す女性的側面を受け入れようとしているとも考えられます。

第六の夢

「同窓会の後、雑踏を歩いているが、精神的に安定していて、周りの群集にも適度な関心をはらえている。もちろん、離人感もないし、敏感になり過ぎてもいない」

共有した点

夢の中だけれど、外の実感を感じながら、しかも安定して出て行けています。

解説

同窓会からは親しい人、群衆は見知らぬ人々を連想しますが、そういう人の中にも出て行けています。Jはこういうところは苦手で離人症的になりやすいのですが、夢の中では自分を保て離人感情もありません。対人関係の中へ入っても大丈夫、ということかもしれません。

第七の夢

「昔、憧れていたけれど、一言も口をきいたことのない男性と、河原でやっている芝居を見に行き、その後彼の家に行く。こじんまりした、すっきりした部屋。いつの間にか彼と同棲している。そこへ、太った中年女性が現れ、彼を返せと言ってくる。彼はずっと、その中年女性と暮らしていたらしい。私は、少し抗議するが仕方なく同意する」

共有した点

中年女性は、母だと思います。母は、私が異性に興味を持つのを常に妨害しました。でも、私は夢の中とはいえ、男性と暮らせています。それは嬉しいが、結局母の圧力に負けています。

この夢を見て、猛烈に母に対して怒りが湧きました。こんなに怒っていいのかしらと思うぐらいだったけれど、ちょっと被いが取れてきたような気がします。

解説

対人関係をクリアした後は、異性関係の課題です。彼女は同棲という思い切ったことまでやれるようになっています。しかし、母が来て妨害するのに負けてしまうのは、まだ異性関係を深めていくには幾つかの課題があることを示しているのでしょう。

ギリシア神話のデメテルが娘ペルセポネーを縛り付けていたように、母は常に娘を庇護するという名のもとに拘束します。母との対決と新たな関係の結び直しが、大事になるでしょう。

第八の夢

「結婚や恋愛に関する話題を友人といろいろ議論している。その後、家へ帰ると、母が私の日記を見たりしているので、猛然と抗議する」

共有した点

友人は、私の分身。失恋以来、男性のことは考えまいとしましたが、夢のお告げ通り真剣に考えた方がいいのです。母に対抗しているのもいいし、今度会ったら、言いたいことを言おう。

解説

第七の夢では、母に屈服しましたが、今度はちゃんと抗議しています。日記という一番重大な自分のプライバシーを守ろうとしていることで、一つの自分の誕生と言えます。

第九の夢

「素敵な男性とダンスをしている。男性の肉体に触れ、少しどぎまぎしているが、何とか頑張ってステップを踏んでいる。指揮者は平井先生」

共有した点　遂に男性と身体的接触を持てている。恐がっているけど、治療者がいるから大丈夫。

解説　同棲までいかなくても、ダンスという形で男性に触れられるようになっています。ただ母ではないけれど、治療者という守り手が必要です。自分だけでできるといいのですが……。

第十の夢

「魚を釣ってきた人から、鯛をもらう。料理して食べようとすると、釣り針がついたままで、それに気づかず食べてしまった。口、喉、胃などが傷つくのを想像して嫌な気がした」

共有した点　今までと流れが違う夢です。鯛はめでたいし、魚は治癒を表します。でも喜ばしいことや治ることには、傷つきという面が含まれていそうです。注意が必要ですが、避けられないことかも。

解説

魚は癒しや霊的精神的な治癒の象徴ですが、無意識全体と考えてもよいです。それを食べることは、それらを取り入れられることでしょう。釣り針が入っていることは確かに治癒の恐ろしい面かもしれないし、治癒と同時に深まる人間関係に傷つく恐れかもしれません。

上手に釣り針を取り出すと、別の魚が釣れるかもしれないし、別の人との関係の可能性があるかもしれません。針と糸で傷ついた箇所を縫合すると、修復になるとも考えられます。

第十一の夢

「母に対する嫌悪と不満を強く感じ、ひどく抗議している。でも今度の母は何かおどおどして、いつもの強い母ではない。妙なことに、少しかわいそうな気になってくる」

共有した点

遂にはっきりと、自己主張できると思います。それによく考えたら、母もいいところがあるのかもしれません。

解説

これは自己主張や実感の回復だけでなく、母をはじめとする他者への思いやりを表しているのでしょう。今後出会うかもしれない攻撃的な人のよい面も、見ようとしているのでしょう。

以上がJが報告した夢です。夢について話し合う期間は三カ月ほどでしたが、かなり自分の感情や問題点、求めているものなどを整理しました。母に対して攻撃できるとともに受け入れることも少しはできました。これで彼女の離人感やうつ状態は減少し、元気が出てきました。

夢の中で感情が発散され、普段できなかったことができているのが大きいようです。また死と再生、従順さと自己主張、傷つきと修復などの重要なテーマを実体験しています。夢の中で生きと実感を持って体験することが大事だったようです。

⑥帰郷と治療の終結

Jは一度家に帰ってみるということで、一週間ほど久しぶりに故郷へ帰りました。そこで、母に向かって治療の中で気づいたことをかなり言ったところ、最初戸惑っていた母親もJの言い分を理解し、彼女自身も「母をそんなに恐れなくてもいい」と思えるようになりました。

彼女の状態は一段とよくなり、落ち着きと安定感が増し、意欲や関心も増大し、将来に対する希望も持てるようになりました。うつ状態の原因や離人感の背景もわかってきたようです。

これを踏まえて話し合うと、「故郷に戻って人生をやり直してみる。先生と話し合うことで、いろいろなことに気づいた。特に母のことに関する気づきは大きく、最初は私のあらゆる不幸の源泉は母親にあると思っていたけれど、よく考えると母もそうせざるを得なかった事情があるとわかった」と言い帰郷されました。

そこで、治療は一応終わっています。

総論的解説

Ｊの離人症状やうつ状態には、さまざまな原因が考えられます。厳格な母、母に追従する父、コミュニケーションの少なかった家庭、伸び伸びできなかった子ども時代、親友のなさ、学校の勉強だけで対人関係の勉強不足、違和感、プライドの高さと裏腹の自信のなさ、高校後半からの抑うつ感、不本意な大学への入学、その大学での不適応、失恋、三度にわたる仕事・対人関係の挫折といったことが、あやのように織り重なっていると言えそうです。

うつ状態と離人症状の関係は、離人がうつへの直面を防衛する面もある一方で、離人が違和感やそれに関したうつを強めています。うつ状態とともに離人感が発生するように、両者は相互に強化し合っているように思えます。したがって、治療は両方を見据えて行う必要があります。

次が治療のポイントですが、中でも夢とその話し合いは、大いにＪの気づきになりました。

- ◆検査による脳器質疾患の否定
- ◆離人症の命名と機制の解説
- ◆発病までの歴史の再構成
- ◆うつ状態への働きかけ
- ◆夢の報告と話し合い

この先Ｊがどうなったかは、まだはっきりしませんが、治療者との間で得た気づきや夢体験を、今後の人生の役に立てていただくことを祈るばかりです。

3 長期の腰痛を伴う遷延性うつ病治療の夢利用

日本心身医学会の定義で、心身症とは、「身体疾患の中で、その発症や経過に心理社会的因子が密接に関与し、器質的ないし機能的障害が認められる病態をいう。ただし、神経症やうつ病など、他の精神障害に伴う身体症状は除外する」とされています。その意味ではあらゆる病気を心身症と呼べるのですが、特に心理面が重大な病気を心身症と呼びます。他にほとんど心身症的でない病気から、かなり心身症的要素の強い病気まで、幅広い範囲にわたります。

心理的因子は、抑うつや不安、葛藤、怒り、不満などの不快な感情が挙げられます。心理的因子が主原因で心身症になる場合もあれば、心身症の症状が心理的因子を増強することもあり、お互い悪循環的に相互強化していると言えます。だから、うつ状態が原因で心身症を起こすこともありますが、逆に心身症がうつ状態を引き起こす場合もあります。代表的な心身症を挙げると、高血圧、狭心症、気管支喘息、過換気症候群、胃潰瘍、過敏性腸症候群、筋緊張性頭痛、振戦、メニエール病、神経性頻尿、自律神経失調症などがあります。

心身症の治療で問題になるのは、心身症に特有のアレキシサイミア（失感情症。自分の感情を言語で表現できず、身体症状で表す）で、これをどう扱うかがポイントです。次の事例は、長期にわたり抑うつ感が存在したのに、それよりもその前景としての腰痛を訴え続けた事例です。

事例K　慢性腰痛を訴え続けた女性の十五年の治療過程

（初診時五十歳・主婦）

①著者（治療者）のもとに来るまでの事情

Kさんは、腰痛がなかなか治らないということで、著者のもとに回されてきました。詳しく聴くと、腰痛は四十五歳ぐらいから始まり、何かを持ち上げようとした時ぐきっとなり、痛み出しました。痛みが引かず整形外科に行くと、椎間板ヘルニアと診断されました。しばらく通院しても痛みは治まらず、別の病院に行きました。詳しく調べた結果、腰のX線写真で特に脊椎に異常はなく、単なる腰痛症と言われ、薬物療法を受けますがよくなりませんでした。

再び病院を替えて、腰痛専門の整形外科へ行きました。そこで、生活指導、温熱療法、腰痛体操などを受けますが、改善しませんでした。首をひねった医師は、ペインクリニックを紹介し、そこで神経ブロックが行われ、一時的には痛みは楽になるのですがすぐに再発しました。

ペインクリニックの医師も、精神科や心療内科を勧めますが、Kは「心の問題ではない」と行きませんでした。痛みは治まらず、「ハリ治療」に通います。また一時的には楽になるのですが、痛みはすぐに出てきます。それで鍼灸師に勧められ、仕方なくこちらへ来ました。

②初期治療

初回面接では痛みのことしか語らず、ストレスも悩みもないし、どうして心のことを聞くのかといった感じでした。一通り話を聴いた後、「これだけ治療に通われてるのに、治らないのは大変辛いと思う。私もすぐどうこうできるかわからないが、あなたの痛みの解明と治療についてできるだけのことをします」と言い、安定剤と筋弛緩剤を出しました。これも一時的には効いたのですが、相変わらず痛みを訴え続けました。

困った治療者は、ある心理臨床家に心理療法を頼みましたが、二回ほど行って中断しました。この心理臨床家は大変優秀な方ですが、「こんなに自分の気持ちを話さず、痛みのことだけしか言わない態度に正直腹が立った」とのことでした。次に別の臨床心理士に頼んだところ、心のことではなく痛みについて聴くことに集中したため、一応は続きました。臨床心理士との協力で治療は続きましたが、痛みは改善せず、相変わらず困惑した状態でした。

③新たな展開（痛みの心因追求の放棄から、痛みの現象学の共有へ）

治療者は、Ｋに投薬と生活指導を加えた面接をしますが、改善しません。そのため痛みの心理的背景を聴こうとしますが、Ｋはまったくそうしたことに興味を示さずに、痛さだけを訴えました。これには治療者もうんざりして、「一体、何のために心の専門家のところへ来ているのか」という疑問も出てきて、多少とも先の心理臨床家と同じイラツキを感じました。

しかしよく考えてみると、彼女は、心の辛さや痛みを「腰痛」でもって言いたがっているので

は と感じ、腰痛に焦点を当てて聴くことにしました。

「腰痛の場所はどのあたりか?」「腰痛以外に痛むところはないか?」「痛みに増減はあるか?」「どんな場合に痛みは強くなり、弱まるか?」「痛みにしびれや麻痺は伴うか?」「痛みの性質は?」「家庭と外ではどちらが痛むか?」「主人と一緒の時と、いない時とではどちらが痛むか?」といったことに焦点をしぼり、痛みの現象学を再構築するつもりで聴いていきました。

解説

ここで彼女は、先ほど説明したアレキシサイミアの傾向を持っていると推測されます。アレキシサイミアは、「失感情症」と呼ばれますが、心身症の方はちゃんと感情は持っているので、「失感情言語症」とも訳されています。それなりに感情を持っていますが、それを表現する言葉が見つからず、身体症状で表現する以外にないのです。Kの場合は、うつや不安・葛藤といった心の痛みを、腰の痛みとして表現していたのです。

治療者が自分の痛みに焦点を当て、興味と関心を示してくれるとわかり、少し安心したようです。心のことを聞かれても答えられないわけですから、聞かれるのは負担で困惑するのです。また、すぐに心因に持っていこうとしない治療者に、安全感と好感を感じたのかもしれません。

通院は継続的になりましたが、痛みの訴えは止まりません。治療者は、ここで辻悟先生の教えを思い出し、彼女が身体的痛みとして表現する体験を、心のこととして翻訳して受け取るように努めました。彼女が腰痛のことで「痛い・辛い・苦しい」と訴えた時、その訴えを心が痛がり苦しんでいる状態だと感じ取るようにしていきました。

そのように反応することで、治療者は彼女の痛みの大変さを共感できていったのか、「確かに、痛いですね」といった反応も、自然に情がこもりました。こうした応答の繰り返しを通じて、Kは少しずつ自分の心が痛んでいると感じるようになりました。

④うつ状態の出現

その結果、「腰が痛い」という訴えは減ったのですが、今度は「毎日が面白くない」「やる気が全然湧いてこない」「何にも興味・関心が湧かない」といったうつ状態が出てきました。

治療者は、腰痛の訴えが治まりほっとしているところに、うつ状態の訴えを受けうんざりしました。それでもうつ状態の背景を探ろうとしますが、Kは何も思いつきません。

そこで言語表現が苦手ならと箱庭療法を試みましたが、まったく機械的な置き方で、何の情感も湧いてこないような風景で、彼女も乗り気ではなかったので続きませんでした。正直、これだけ何の意味も味わいもない箱庭を置いたのは、Kだけのような気がしました。

⑤夢の利用と治療の終結

困った治療者が、「夢を見ますか?」と聞くと意外にも見ると言うので、これは糸口になるかもと考え、夢を持ってきてもらいました。しかしこの夢たるや、あまりに単調過ぎ、まったくの拍子抜けという感じでした。例えば、「ダンスをしていた」「白浜へ旅行に行った」「お菓子を食べている」といった内容で、一行程度のものでした。さらに困惑したのは、連想を聞いても「別に」と言うだけで、何も浮かんでこないことでした。

ここでは、「いくら夢がつまらなくても、神様が彼女に与えたメッセージだから尊重しよう。連想の作業は治療者がしてあげればいい」と考え直しました。「今までダンスをしたことがあるか？　誰としたのか？」「白浜には誰と行ったのか？　何を見たか？」といった事実に限定して質問しました。反対に彼女の答えにくいような質問、「ダンスについてどう感じますか？」「旅行はあなたにとってどういう意味がありますか？」といった心情的質問は控えました。

具体的事実的な質問なら答えやすいようで、いろいろなことが明らかになりました。彼女の夫もアレキシサイミア的で、仕事はこなすのですが夫婦の会話はほぼなく、二人でテレビを見たり、時々旅行に行く程度です。育った環境も、裕福な家庭に生まれたものの、両親も感情を表出する方ではなく、物質的生活は恵まれている一方で、きわめて乏しい感情生活を送りました。

Ｋが感情を抑うつ感という形で出すことは貴重なことで、抑うつ感や夢が、他者（治療者）との感情的交流の唯一のパスポートだと認識しました。その上で話を聴いていくと、身体を動かしたい、旅行に行きたい、主人と交流が増えたらいいと希望しているとわかりました。

それで散歩療法を勧めました。最初は「散歩してもまったくよくならず、つまらない」と言っていましたが、「うつの状態でもできることを習慣づけるため」と勧めると継続してくれました。加えて、夫と連れだって買い物や旅行に行くようになり、だんだん抑うつ感は減りました。

そんな中、夫が、大腸癌で入院することになったのです。彼女は少しびっくりしましたが、初期のものというのでほっとしました。そして夫の介護で忙しくなっていくうちに、抑うつ感は減っていきました。夫が退院し病状がよくなると、二人で旅行に行ったりするようになり、うつもかなり改善し、薬もほとんど必要なくなりました。引っ越しということもあり、治療はそこで終わっています。気がついたら、最初の出会いから十五年もたっていました。

総論的解説

Ｋについては、あまり心理的背景が明らかにならなかったので、病気の原因も推測に過ぎませんが、次のように考えました。

アレキシサイミア傾向のある家庭に育ち、本人もその傾向を持ちましたが、そんなに挫折に遭ったわけでもなく、青春時代を物質的だけではあるにせよ楽しみ、結婚もしました。夫もアレキシサイミア傾向の強い人でしたが、お互い好きなことをやっていて問題はありませんでした。しかし人生の第一次総括期の四十代を迎え、子どもがいないＫは、空しさや支えのないぐらつき感を感じ、うつ状態に陥ったと推測されます。Ｋは感情でそれを表現する手段を知らず、身体でしか表現できませんでした。その点で、肉体の要である腰に痛みを感じたのは象徴的です。

治療的には、彼女のアレキシサイミアに治療者が合わせていくことで、背後にある抑うつ感、空しさ感に気づいたのかもしれません。しかし、その抑うつの背景も心理学的にあまり明らかにならず、彼女がアレキシサイミア的な環境で育ち、今もいることがわかったぐらいです。

結果的に、Kの腰痛やうつ状態は、散歩療法や介護といった役割により改善しました。最初からアレキシサイミアを中心とする心身症の病理に深い理解を持っていたら、こんなにも時間がかからなかったと思われます。なお、アレキシサイミア的生き方も、悪いとばかりも言えません。感情表現せずに、事実だけに目を向け、健康を維持できるならそれはそれでいいでしょう。

この治療では夢は部分的な役割しか果たしていませんが、彼女の願望や気持ちの理解が話され、それに誘発され夫との交流や活動がなされ、うつ状態の改善につながったと思われます。

4 重症境界例女性の治療（夢が転回点になる）

1 境界例治療の困難さ

境界例、または境界性パーソナリティ障害（情緒不安定性パーソナリティ障害とも言う）の治療の厄介さは有名です。それは拙著の『境界例の治療ポイント』（創元社）を参照していただくとわかりますが、その治療の大変さを列挙すると次のようになります。

第一　葛藤、不安、怒り、抑うつ、孤独、自己否定感情などの負の感情を、自分の心に抱えられず、すぐに自傷・他害行為、器物損壊、ひどい暴言という悪性の行動化に走ることです。

ちょっと気に入らないことがあったりすると、体を傷つけたり、大量服薬したりしますし、家族・恋人などの親しい相手にすぐ包丁を突きつけたりするのです。また暴言もひどく、周りは腫れ物に触るように接し、いつダイナマイトが爆発するかびくびくせねばなりません。

第二　自分に自信がなく、それゆえ他者への不信感も強く、慢性的な空虚感と希死念慮、自殺願望が強いのです。脅かし的なところもありますが、実際に自殺の既遂率は大きいです。これも治療者や周りがハラハラさせられることです。

第三　一方的な対人関係です。相手（治療者や家族など）に多くを要求し、相手に対して支配的になることです。もう少し詳しく言うと、相手を万能者（神や魔法使い）に仕立てて、その相手をこき使うといったことです。要するに、アラジンの「魔法のランプ」願望傾向が強いのです。

第四　相互的な対話もできません。大体、相手からの質問を許さないことが多いのです。特に、本人の内面や気持ちに触れるような質問には拒否的です。

第五　治療に際して、ルール破りや一方的なことが多いです。面接が終わっても席を立たなかったり、治療者の家まで電話をかけてきたり、待ち伏せしたり、家にまで押し掛けることもあります。したがって、治療のルール設定や治療構造枠を作るといったことが困難になります。

第六　我慢や、耐えることが苦手なため、自傷行為（自分を傷つけることでほっとする）、薬物依存、買い物依存・浪費癖、過食発作、暴走運転、衝動的な性行為などに走りやすいです。

第七　しばしば、解離性健忘に陥りやすく、気がついたら万引きしていたり、その時の記憶が一切ないということが多いようです。

第八　感情が変転しやすいことです。気分が安定してこのまま上手くいくかと思ったら、ちょっとしたことで怒りを爆発させます。さらに相手を理想化したり、反対にしかも急に相手をこき下ろしたりするので、安定した人間関係を築くことが難しいのです。

第九　対人関係の中で、特に「見捨てられ不安」や「見捨てられ感」が強く、一人でいることが苦手です。例えば、治療者が電話をすると約束したのにそれをうっかり忘れると、自殺にまで走ってしまうこともあります。

第十　多彩な症状を出しやすいことです。不安、パニック発作、対人恐怖、相手を巻き込む強迫行動、海老ぞりのようなヒステリー発作（後弓反張）、抑うつ・無気力・絶望感・希死念慮といったうつ病症状、種々の身体症状、被害妄想や幻聴などの統合失調症症状、種々の依存症、心身症症状（不眠、めまい、難聴、頭痛など種々の痛み、胃潰瘍など）など、精神科症状のオンパレードを示すのです。治療者はしばしば、病態把握や診断に苦しみます。

第十一　思考が一つのことに囚われやすく、全体を見られません。また極端に悪い方悪い方に考えたり、思考の柔軟性が乏しく、さらに相手にわかるように話そうという配慮がないために、話が断片的でわかりにくいのです。

第十二　悪性の自己愛（自分だけに関心が向く）が強く、常に賞賛を求め、自分だけは特別で、他者は自分に従って当たり前という傾向が強いです。また少しでも自分の思うようにいかないと、烈火のごとくに怒り出します。

普通に考えれば、こんなことでは世の中を渡っていけないようですが、彼らは不思議なことに、能力や知力、美貌や不思議な魅力に溢れていることが多く、ついつい、周りや治療者は引き付けられ、後で痛い目に遭うことが多いのです。

2 事例報告

大変な境界例事例を報告します。不可能な治療のように見えながら、じっと耐えていると道が開け、夢分析が可能になり、治療が好転する時があります。それが次の事例Lです。

事例L　水の夢と壮絶な告白体験を通して治療が好転した境界例

（初診時二十四歳・独身女性）

①第一期、初診時から5回、治療契約やルール設定なしのスタート

両親が有名タレント（後でわかったこと）ということもあって、容貌・容姿とも一際素晴らしい方です。しかし今は病の中に沈み、にらむような眼で治療者を見つめます。

主な訴えは、どうにもならない抑うつ感、底知れぬ虚無感、無気力・無活動、激しい希死念慮

と自殺企図、自傷行為、家庭内暴力、過食・嘔吐の繰り返し、浪費癖、頑固な不眠、極度の疲労感、無気力、興味・関心の喪失、激しい怒り・攻撃性といった凄まじいものでした。

一瞬たじろいだ治療者は、その背景を少し聞こうとしますが、質問をすると怒ります。「プライベートなことは一切聞いては駄目」と強く言い放ちます。

治療者はこれでは治療にならないと思い、断ろうとしましたが、もうすでに彼女の魔力の虜になり、強い逆転移感情（治療者側の患者への愛着感情）に捕らえられていたのでしょう。ほんの少しでも探ってみようという気持ちにさせられていました。

そこで「どうしてあげればいいんでしょうか」と聞くと、怒りを爆発させ「それは、先生が知ってるでしょう。そんな初歩的なくだらないこと聞くなんて最低です」と言います。

自分の要求や自分の歴史を言わずに、治療者にすべてを任せ、自分は批判だけするという境界例特有の支配傾向にぞっとしました。しかしもうすでに遅く、治療者は境界例治療という地獄の深みに足を踏み入れてしまったのです。進むしかないという気持ちにさせられ、「どんな質問をしてもいけないんですか」と聞くと、「先生は馬鹿じゃない。していい質問と悪い質問ぐらいはわきまえているはずよ」と切り返してきます。

ともかく殺されないでいたらいい、という気持ちで臨むことにしました。聞き出したことは、上記の主訴と、休職中でマンションで一人暮らしで、母親に食事を差し入れさせているが揉めることが多く、ある時などシチュー鍋を投げつけ、火傷を負わせたとのことです。

結局、五回の審査面接では、境界例治療の開始に当たり大事な治療作業（①治療目標の設定と共有、②治療の主役は本人で治療者は応援するぐらいという認識の共有、③自傷・他害行為の禁止、④治療の際のルール設定、⑤詳細な家族歴、成育歴、病歴、治療歴の聴取、⑥心理検査による人格評価など）がほとんどできずに、治療をスタートせざるを得なくなりました。Lは強い不眠のため薬が必要なので、精神科（著者が主治医を兼ねる）にも通院することになりました。

②第二期　治療の行き詰まり、6〜16回、記録と質問の禁止、抑うつと怒りの洪水

困難な治療開始だったので、他の心理療法家に紹介しようとすると、「私を見捨てる気か」と怒鳴られ、それは無理となりました。このように何の準備もできないまま、五十分面接と外来診療ということで始まりましたが、最初に困ったのは「カルテや面接用紙に記録してはいけない」という要請でした。理由はプライバシーが漏れること、また治療者が記録をするとその分、患者であるLへの集中が薄れるということでした。

先述したように、彼女に心地よい質問しかしてはいけない状況で、自然と傾聴に徹することになりました。そうすると「先生は黙って聴いているだけで何もしてくれない」と言うので、せめて今までの治療を参考までに聞かせてくれないかと言うと、それには応じてくれました。

その内容は凄まじく、これまでの治療者への攻撃・怒りで満ちていました。知的で貪欲な情報通でもあったLは、心理治療者の情報をたくさん持っており、有名な心理療法家ばかりに面接治療を受けていたのです。しかし、ことごとく治療にならずに中断の繰り返しでした。

例えば、クライエント中心療法の専門家は、話を聴いてくれるだけで何もしてくれず、不満を訴えると、「そこが辛いところですね」と返すだけなので自分から断りました。認知行動療法の第一人者のもとへ通うも、できないことばかり提示され、これも見切りをつけました。

優しく包み込んでくれ感じのいい中年の女性心理療法家とは最初は気が合いましたが、徐々に批判されるようになり、「責めないでほしい」と言うと、「あなたのためを思って言っているのよ」と言い返されました。それで段々苦しくなりそれを訴えると「あなたには感謝の気持ちがない」と言われ、猛烈に腹が立ち、机をひっくり返して立ち去ったとのことでした。

それから何人もの治療者に会いますが、いずれも物足りなくてすぐに中断しました。最後に、日本で有数の男性精神分析医のもとで五回の面接を受け、この先生ならいけそうと思いましたが断わられました。猛烈に腹が立ちましたが、「いい治療者を紹介してあげる」と筆者の本を渡されてやって来ました。ここで初めて、私のもとへの来院経緯が理解できました。

今までの治療者に傷つけられたこと以外に、会社の上司・同僚からのパワハラ・セクハラを受けたとの訴えが強く、他責的傾向も目立ちました。

こうした攻撃的言動と同時に、頑固な頭痛と不眠、極度の疲労感とめまい・ふらつきなどの身体症状の訴えが激しく、薬の変更を何度もしましたが、症状の苦しさは変わらないか強くなるだけでした。精神面での強い抑うつ感・イライラ感、虚無感、絶望感、孤独感と同時に希死念慮も強く、自殺の計画を訴え、それを聞くたびに治療者はハラハラしました。

原因を共同探求しようとすると、不満はこちらに向けられ「先生も今までの治療者と同じで何もしてくれない」と不満が噴出します。不満の原因と対策をともに考えると、「先生が悪い。それと先生が聞いてくる質問、自分の楽さや希望を聞かれてもわからない」とのことでした。

質問すると爆弾が破裂しそうなので沈黙していると、Ｌは「私を厄介者と思って放り出したいのでは？　先生が黙ってどうするの」と挑戦的に向かってきます。

治療者の困惑以上に大変だったのが、Ｌがクリニックでスタッフにちょっとのことで激しく文句を言うことで、非難された女性スタッフが退職したほどでした。治療者はこのままでは、クリニックも自分も崩れてしまうのではと恐れました。そして困惑とＬへの拒否感が強くなった後、面接中に治療者が居眠ったことがあり、これがまた彼女の怒りに火をつけました。

③第三期、夢導入の準備段階、17～23回、治療者の患者を絞め殺そうとする夢

行き詰まりがずっと続き、治療者の方も不眠がちになってきました。そうした中で、治療者はＬと激しく口論した後、あまりに腹が立ち「彼女を絞め殺そうとして首を思いきり絞めている夢」を見ました。治療者は自分の中の攻撃性に驚くと同時に、自分がこうした攻撃性を抑え込み、否認していたことに気がつきました。そして自分の攻撃感情を活かすためにも、行き詰まりを打開するためにも、少し率直にならなければと思い夢の導入を考えました。

そこで彼女に「今の治療に満足しているか」と聞き、「もちろん満足できない。苦しくなるばかり」と言うので、「あなたが楽になるには夢の助けを借りることだ」と述べました。

案の定「夢なんて役に立つの？　それに私、夢なんて全然見ない」と拒否されましたが、夢でよくなった実例をいくつか紹介した後、「夢は誰でも必ず見ている。見ていないのは思い出さないだけ」と述べ、次いでやや強い口調で「あなたが夢を思い出す努力をしない限り、もう面接は止める。ここのクリニックでの治療もカウンセリング面接も打ち切る」と宣言しました。また「文句や怒りは治療者だけに向けること、今後の迷惑行為は許さない」と厳しく言い渡しました。

Ｌは、今まで受け身的に終始してきた治療者が一転して強い調子に出たので驚いたようでした。普通ならここで中断となるはずが、予想に反してＬは、「やってみます」と同意しました。

ただ夢をまったく見ないと言うので、夢見の準備作業として、夢を見たら○、見なかったら×、見たかどうかわからなかったら△とする夢行動記録をつけさせました。最初は×や△が多かったのが、次第に○が増えてきました。しかし、夢の内容は思い出せないようでした。

④第四期、夢の報告の時期、24～40回

水の夢

この試みを続けると、ついに**「何か水のような夢を見た」**と報告しました。連想を聞くと、「何もない」「何故自分に、今、水の夢が出てきたのかわからない」とのことでした。連想が湧かないと言うので、「もし水をまったく知らない人に、水を説明するとしたらどうしますか」と聞くと、「何を馬鹿なことを。水なんて当たり前すぎて説明のしようがない」と一蹴されました。

治療者の連想を聞きたいと言うので「水はまず生命力を表わす。それに運、運命も示す。また感情の象徴であり、水商売というようにお金の流れを表現しているのかもしれない。それに水に流すという言葉もあるように、浄めの意もあるかもしれないし、何かの祝い事という場合もある。水模様で占うこともある」と説明すると、Lはこんなに水からいろいろ連想ができるんだと感心し、特に占いと関係があることには興味がそそられたようです。

その後もきわめて不明確ながら、**「泳いでいる夢」「水を飲んでいる夢」「水で汚れる夢」**などいろいろ報告しますが、詳細はきわめて不明確で、連想もありませんでした。

上っていく夢

「階段か登山道かわからないが、どんどん上に上っている。でも果てがない」という夢を報告しました。連想を聞くと、「上っていくのはいいとして果てがないって、治らないということ」と聞いてきました。そこで、次のような対話がなされました。

治療者…治るというのはかなり多くのことが考えられるけど、あなたの治るとは何かな？

本　人…もちろん苦しさがなくなり、楽になることです。

治療者…苦しいのは、思うようにいかないからかな？　皆、いつも思い通りにいきますか？

本　人…ああそうか。それなら私、治らないのかしら？

治療者…いや、治療目標を、①完全ではないがいくらかでも苦しさが軽減する、②苦しさを持ちながら適切な行動をして不適切な反応を避ける、としてはどうですか？

本　人…ああ、それならできそう。でもそれさえできるかしら？

治療者…できるかどうかは、あなた次第ですよ。まあでも私も応援しますから。

ここでやっと治療目標が共有された感じです。それから治療者の方は、「上っていくというのは、苦しみの海から抜け出し、正しい方向を目指しているからいいんじゃないですか」というように、本人の夢の中での努力を評価しておきました。

裏切られ、砂漠に見捨てられる夢

治療者の評価を受けて安心し、しばらくは落ち着いていましたが、次は大変な夢が出てきました。**「森や湖の点在するきれいな場所をドライブしている。そのうち広い砂漠に入ってしまい、車から放り出され、砂漠の中でひとりぼっちになる。喉が渇いてきて死にそうになる。でも行く手にオアシスがあり大急ぎで走っていくと、オアシスは消えていた」**というものです。

連想は「とてもショック。私の人生は裏切られてばかり。水が幻のオアシスで、結局、私は助からない」ということでした。治療者は、裏切られた内容について聞きたくなりましたが、プライバシーに触れるのでそれは止めて、「この夢はいい夢ですよ。湖、森といった生命力のあるものが出てきていますから。一人にされたのは、自力で何とかできるということです。オアシスが幻でも、法華経の「化城喩品《けじょうゆほん》」に出てくる「化城宝処《けじょうほうしょ》」のように最初は幻でも、努力して進めば、水がたくさん飲めるお城に到達できるということです。私の連想はどうですか」と言うと、「そんなによいようには考えられない」と述べます。

そこで、「無理に私の感想に賛成しなくていいです。一つの意見として考えればいいのですから」と言いましたが、治療者もさすがに怖くなり、「もし夢報告が大変であれば止めてもいいのですが、どうですか」と伝えました。するとLは「今更、後に戻れないでしょう。だいだい、先生が私を誘惑して、夢に引きずり込んだのだから、先生に責任をとってもらいます」と怒っています。それで、「あなたの意見はわかりました。でもしんどくなったり不安が強い時は、夢を思い出したり、報告しないようにしてください」と言っておきました。

草原とお花畑で遊ぶ夢

どうなるかなと思っていると、四番目の夢「**誰かに追放されたようだが、気がつくと木々が立ち並んでいる緑の草原にいる。美しいお花畑もある。素晴らしくきれいなところでしばらく飛び跳ねたり散歩していた**」を報告します。

連想は「こんなに気持ちよかったのは初めてかも」「それにしても夢は不思議。心は暗いのに、こんな楽しい場面が出てくるなんて」ということでした。治療者も少し喜んで、「よかったですね。果てがないと言っていましたが、夢の中では目的地に着いていますね」と評価しました。

水浴びをためらう夢

ドキドキしながら待っていると、五番目の夢として**「歩いていると、少し大きめの川に出合った。ゆっくりした流れで水がとてもきれい。突然水浴びしたくなり、服を脱いで水に入ろうとすると、あまりの自分の体の美しさに見とれてしまう。そして何か水に入るのをためらっているうちに、目が覚めた」**を報告しました。

連想は、「何か自分の自惚れが出ているので嫌な感じ」ということでした。

治療者は「自分の美しさを認めることはとても大事で、それができているのは立派です。水に入ったり、水浴びをためらっているのは、あなたにとっての水浴びとは何かがまだよくわからないので、そっとしておきましょう」と言っておきました。

水源探究の夢

第六の夢は、**「大きな河のほとりにいる。何か上流の方で声がしたように思え、河の水源を探りにいこうと思い川岸を遡っていく。でも行けども行けどもたどり着けずに焦っている」**とのことでした。

共同連想では「私は何かを探している。水という生命力の源を探っていくのが、自分自身の探究かもしれない。でもたどり着けない運命にあるのだろう」とのこと。

治療者は「樹も森も花も、やはり水があってこそ。だから水源探究は大事です。でも水源が見つからなくても黙々と歩くことに意義があるのでは」と返しておきました。

橋が壊れていて、粘液の渦に巻き込まれる夢

七番目の夢は、**「大きな河に架けられた橋を渡っていると、何かで壊れたらしく、そこへ行くのにボートが必要。自力で漕いでいくと、上流からすごい濁流が押し寄せてきて、一挙に巻き込まれる。その水は粘液状の粘々したものでとても嫌な感じ、逃げようとして必死にもがいている」**という夢でした。

連想は「橋が壊れたのはショック。私はやはり進めないのか」「ボートが流されるのも辛いが、渦がどろっと粘っこいのがヘドが出るぐらい嫌。今でも体が穢れている気がする」とのこと。治療者もさすがに驚き「橋が壊れているのに、手漕ぎのボートで向こうの橋にまで行こうとしているのは立派。でも世間は渦のように複雑。渦に巻き込まれることもある」と言うぐらいが精一杯でした。治療者自身も、この粘液の渦には生理的な嫌悪感を抱きましたが、深く追求するのは止めようと考え、Ｌも気持ち悪いと言うだけで、それ以上何も言いませんでした。

母とお風呂

第八の夢は、**「お風呂に入って気持ちよく過ごしている。何故か母が背中を洗ってくれる」**というものでした。

連想は、「お風呂に入れるのは気持ちいいけど、何故母が出てくるのか。母は大嫌いで思い出すのも口にするのも嫌」と激しく言った。その迫力は、凄まじいものだったので、母との関係や、母を嫌う理由などはとても聞けませんでした。

自殺未遂を引き起こした騎士トリスタンに見捨てられる夢

治療者は、この頃から嫌な予感がありました。あまりに夢が真実を暴くので何か起きるのでは、と気になっていました。予想通り、次の面接はキャンセルでした。抵抗が現れて当たり前だろうと思っていると、ある病院から、「Ｌが大量服薬をした後ガスをつけ、自殺を図ったが発見され手当てを受けている。本人は一応無事で反省しているので、退院させる」という連絡が入りました。治療者は、棍棒で頭を殴られたようなショックを受け、彼女が来たら事情を聞くことにしました。ただ治療者の心は、夢分析に導入したことへの後悔とＬへの申し訳なさで一杯でした。

数日後、Ｌは申し訳なさそうな顔をしながらやって来ました。事情を聞くと、やはり夢が引き金でした。その夢は「湖で泳いでいると溺れそうになるが、ある中世の騎士に助けられる。彼に一緒に連れて行ってと言うと、『自分は竜を退治せねばならない使命を帯びているので、それはできない』とのこと。私は、その竜退治を手伝いたいと必死に懇願すると、『仕方がない。後ろに乗れ。その代わり凄いスピードで走るから気をつけろ』と言われる。そして馬に乗せてもらうが、非常な速さで何度も馬から落ちてしまう。とうとう最後にその騎士から、『お前には無理だ』と言

われ、置いて行かれてしまう」というものでした。

この夢を見た彼女はあまりのショックで、クリニックに電話しましたが、あいにく治療者が不在でした。Ｌは治療者に連絡を取ってほしいと必死に頼みますが、受付に、「それはできません」と言われました。これで絶望した彼女は、大量の向精神薬を飲み、すぐにガスをつけ、火を消してガス自殺を図ろうとしました。彼女はすぐに意識を失いましたが、臭いが隣に漏れ、救急車と警察によって救われたとのことでした。

治療者は「正直、助かってよかったと思います。夢分析を導入してしまったことをお許しください。私ごときが、あなたの治療を引き受けようとしたことが過ちだったのでしょう。私の未熟さも許してください」と言うと、Ｌは、「そんなことをおっしゃらないでください。先生は今まで出会った医師や心理士の中でも最高の名医です。それをぶち壊したのは私です」と泣き伏してしまいました。治療者も思わず泣いてしまい、二人とも泣きっぱなしでした。

面接の終わりに「今後は夢を見ないようにして、見ても思い出さないようにしなさい。もし思い出して私に聴いてもらおうとしても、耳を貸しません」と強く夢報告を禁止しました。

十番目の夢

しばらくは、夢報告はなくほっとしていましたが、どうしてもこの夢だけは聞いてほしいと、一カ月ほど経って懇願されました。治療者は迷いましたが、夢禁止を言い渡したとしても、彼女が夢を見たり夢を報告する権利はあるわけです。それで聴くことにしました。

それは「ある海岸を歩いていたら、瀕死の状態で水のほとんどない地面に横たわっている小さいイルカに出会った。海岸と思ったが、よく見れば温暖化の影響で干上がった湖の底にいたのだ。渇きで死んでしまいそうなイルカを見て、わずかな水を必死に水筒に入れ、布で泥を濾過して、少しずつ飲ませる。最初はうまくいかなかったが、段々慣れてきてイルカは元気を取り戻したようであった。そしてその赤ちゃんイルカを抱いて、海まで行き放してあげた。

また別の海岸を歩いていると、海から大きいイルカがやって来た。どうもそれは私が助けたイルカに似ていた。こんなにも早く成長するのかとびっくりしていると、イルカは自分の背中に乗れと言ってくる。ためらったが従うと、大海原に出ていった。少し不安になったが、それを察知したイルカが『大丈夫もう少しです』と言っている。前方に竹生島が見えている。ここは海なのに変だなと思っていると、島に着いた。そこで宝厳寺に御参りにいくと、弁才天に出会った。その弁才天は、私の頭と顔に水を注いでくれ、とても気持ちがよかった」という長い夢でした。

両方とも何も言いませんでしたが、治療者は「こんな素晴らしい夢を見るあなたが羨ましい。この夢を活かすためにも、弁才天やサラスヴァティについてよく調べるといいでしょう」と言っただけでした。以後は夢の報告はありませんでした。

⑤第五期、告白するか否かで迷う時期、41～50回

Lは初めて素晴らしい夢を見て、連想もでき少し落ち着きました。しかし、夢には怖い面もあ

り、疲れさせる面もあると述べています。以前の自殺未遂のことも考慮し、何が怖いのか聞いた方がいいのか、ふわりと質問を投げかけると沈黙のままでした。しばらくすると、本当は言いたくないが、言わずにいられない話があると言いました。治療者が、言うか言わないかは迷うけれど、どちらにしても大変だと言うと大きく頷きました。

Lは言うか言わないかどちらがよいか迷った後、思い切って言うと述べました。治療者は、これで核心がわかるけれども、告白後の本人の気持ちや危険な事態を心配したので、性急な告白を止める方向に動くことにしました。まず、秘密を言う場合の次の三原則を伝えました。

①打ち明けた相手が熱心に聴いてくれること。

②秘密を漏らさないこと。

③告白した秘密を本人のために使ってくれること。

しかし、その後も迷いは続きました。こうした問題は到底一人では考えられないので、一緒に考えました。その中で、「言った場合の最良と最悪の結果」「言わない場合の最良と最悪の結果」「最悪の結果を防止する適切な方法」「最悪の結果が出た場合の適切な対処」といった質問をしました。

Lが一番恐れていることは、治療者に軽蔑され放り出されることでした。治療者は、そんなことにはならないと思うけれど迷いますねと言いました。そして、こういう辛さを受け止めることで、強さ、特に外面的強さではなく内面的な心の強さが育ちます、と続けて言いました。

事実、告白せずにすんでくれた方がいいとも思いました。もし聞いたなら、治療者の知りたい欲求が満たされても、それを上手に使えるかどうか自信がありません。それに言わない方が、患者の秘密保持の力が増すかもしれないとも思いました。皮肉なもので治療者が言わないでいてほしいと思っていると、遂に告白が始まり出したのです。

⑥第六期、隠されていた物語、51〜53回

彼女の告白はストレートにされたわけではなく、話があっちへ行ったりこっちへ行ったり、切れ切れで断片的で、また途中で泣いたり、怒り狂ったり、話の辻褄が合わず、治療者が聞き直し、「こういうことですか」とまとめたりと大変でした。

ここではＬの告白の筆者なりの要約を示します。父は有名な美男タレント、二枚目俳優です。母も人気の高い美人女優です。三歳上の兄がいます。

父親は忙しいだけではなく、女性関係も華やかで家にあまり帰りません。特にＬが生まれてからは一切家に寄り付かず、別に借りているマンションで暮らしています。母は家にいましたが、気性が激しくよく父と衝突し喧嘩が多かったそうです。Ｌには大変厳しく、言うことを聞かないとよく叩かれていました。父が家を出てから、母も他の男性と関係を持ち遊び歩いていました。そんなことで母との接触も少なくなり、会っても怒られてばかりでした。

テレビや週刊誌のネタになることが多かったのですが、父は「私は妻を愛しているし、浮気などしていない」と述べます。気の強い母も「私は、夫を信じています。夫のことをとやかく言わないでください」という態度を取っていました。

このように両親とも仕事や異性関係が忙しく、養育はお手伝いさん任せで、あまり遊んでもらった記憶がなく、怒鳴りつけられたり叩かれたりした記憶しかなかったようです。しかしピアノやバレエ、スイミング、英語を習わせることには両親とも熱心で、兄と有名な幼稚園、小学校に通っていました。ただ本人は幼稚園へ行っても適応できず、辛い思い出しかないとのことでした。そんな中、お手伝いさんだけが優しく支えてくれました。

養育放棄状態なのに、いざテレビの取材が来ると両親とも家に戻りました。幸せに満ちている家族をアピールするために、Lは父や母が大好きだと言わされ、しかもどこが好きかセリフまで覚えさせられました。Lの一家は、仮面夫婦で偽幸せ家族を演じていたのです。Lは、最初のうちは変だなと思っていましたが、そのうちこんなものだろうと考えました。また「そうしないとひどい目に遭うから……」という気になってきていました。

唯一仲良くしていたのは兄で、兄とはよく遊び、勉強を教えてもらったり本を読んでもらったりしていました。兄は背も高く美少年で学校でも人気者で、Lはいつも自慢していました。また、お手伝いさんが二人をいろんなところへ連れて行ってくれていたとのことです。

しかし本人が十歳の時、大変な悲劇に遭遇しました。それはいつものように兄と相撲ごっこをして遊んでいる時、突然服を脱がされ性器を触られたり舐められたり相手の性器を吸わされたり精液を飲まされたり、ということが起きたのです。本人は何が起きたかよく理解できないようでしたが、いい気はしませんでした。でも兄が気持ちよくなると言うので、いいだろうと思っていました。しかし、この頃のことは、はっきり覚えていないとのことでした。兄から「絶対にこのことを言っては駄目」と口止めされたことは、印象に残っています。半年ぐらい続いたような気がしますが、兄は別の女友達ができたりして、そんなことはなくなりました。これ以来、あれほど仲のよかった兄と疎遠になり、あまり口をきかなくなりました。

その後、性に関する本を読んで自分がとんでもないことをされたとわかり、非常に穢れた存在になったと思ったとのことです。これまでとても好きで信頼していた兄にそんなことをされ、一挙に兄に対して怒りと不信感が湧き、それはやがて男性不信、人間不信にも繋がりました。

以来、Lの性格は暗くなりかけましたが、学校では依然アイドルで皆から「きれい、素敵」と言われていたし、バレエの発表会でも頑張ると褒められるので、そういう時は嬉しかったとのことです。そして、自分も両親のように仮面を被って生きていけばいいと思っていました。

しかし、一人になると自分が不潔で嫌になり、眠れなくなったり、呼吸が苦しくなる発作に襲われ、学校に行きたくないとまで追い込まれることがよくありました。そんな時は、母の知人の医師に診てもらい、薬を飲んで外面的な華やかさだけは保っていました。

小、中学校はこれで乗り切っていたのですが、高校になると苦しさのあまり腕を切ったり、思い切り過食してその後、嘔吐するという発作を繰り返していました。一時的にぼーっとしたり、物忘れもよくあったとのことです。さらには気づかないうちに万引きをして見つかりましたが、母が奔走して何とか事件にならずに収められ、週刊誌ざたにはなりませんでした。

　Lは苦しくて、何度か母にこのことを言おうとしたのですが、怒られるだけに決まっていると考え黙っていました。そんなことを言うと、兄を苦しめるに違いないという思いもありました。中学では男性への嫌悪・拒否が強く、高校でも男子生徒との接触を避けていたようです。女友達は少しはいましたが、なるべく派手な子との付き合いは避け、男性の話題に関してはまったく興味のないように振る舞っていました。周りの男子からは「美人を鼻にかけ、つんとし過ぎている」と思われていたようです。本人は苦しかったのですが、勉強、特に英語がよくでき、それとピアノやバレエに集中することで毎日をやり過ごしていました。

　女子大の英文科に進んだ後、他の友人が男性との交際や性のことを話題にするのをなるべく聞かないようにし、勉強に集中しました。ここでも苦しさは同じで希死念慮、自傷行為を繰り返していました。卒業後は大学院を希望したのですが、親の反対で有名商事会社に就職しました。

　就職後、男性社員との接触はあったのですが、仕事だけの話題に制限していました。内心では恋人が欲しい気持ちが芽生えますが、思うだけで身震いしそんな気持ちは隠していたようです。兄に似たハンサムでテキパキ働く男性にほのかに憧れたこともありましたが、そんな気持ちを持っては駄目と強く自分に言い聞かせていたようです。

　彼女に接近したがる上司や先輩は多くいたのですが、いずれもセクハラをされているような気分になり、またそういう非難的・拒絶的態度を出していたので、周りの男性は近づきたいが、いつセクハラと言われるかと思い、関心と恐れの中で少し敬遠されていたようです。

入社二年後、敬愛していた兄が突然交通事故で死亡するという事件に遭い、ものすごいショックを受け、茫然となり気を失いかけるほどの状態になりました。何とか気を取り直しましたが、その後、ひどいうつ状態になると同時に、両親や周りに激しい怒りを感じ始めました。また兄に対して、いつか小五の時の性的外傷事件のことで、気持ちを聞いたり謝罪してほしかったのですが、その機会が永久に失われたことで、抑うつ感情、無気力、絶望感がいっそうひどくなり、とうとう会社を休むことになりました。その後は、必死に助けを求めて、高名な精神科医やカウンセラーを巡り歩くことになったのです。

しかしその後の治療は何処でもうまくいかず、筆者に出会って、やっとここまで来たとのことでした。兄に対しては怒り・怨みと同時に惹かれる気持ちが今でもあり、そんな自分がとても嫌とのことでした。兄への攻撃感情とともに、兄を交通事故死に追いやったのは自分ではないかという罪悪感も強く、それも含めて希死念慮はしつこく続いているとのことでした。

⑦第七期、告白の後のやりとり、54～60回

あまりの大変さに圧倒され治療者は茫然としましたが、まずはＬの告白の勇気と労をねぎらいました。Ｌは、重い荷物が取れたけれど、大変なことを漏らしてしまって後悔の気持ちの方が大きい、こんな私は生きていても仕方がない、死ぬことだけが唯一の希望と涙しました。

そこで治療者が「秘密を持ち続けるのは大事なことですが、重荷を少しでも引き受けてもらう人がいたら秘密を保ちやすい」と述べると、Ｌが先生がそれを引き受けてくれるんですかと返し

たので、私でよければと答えると、再び涙を流して後は話にならずに泣くばかりでした。

⑧第八期、男性との交際を開始、61～77回

告白の衝撃は少しずつ収まり、笑顔も出てきて、抑うつ感や怒りも減り、顔つきも穏やかになってきました。また意欲も湧いてきて、会社に一年半ぶりに復職することになりました。復職後は、しっかりと仕事を行いました。雰囲気的にも前より笑顔が多くなり、感じがずいぶん柔らかになったと上司はほっとしている様子でした。

　そうなると、彼女に男性が近づいてきます。よくなっている彼女ですが、「どんな人と付き合っていいのかわからない」と言うので、治療者は「私なら、そばにいてほっとするというか気持ちのいい人、誠実で嘘をつかない人、表には出なくても内心はしっかりして責任を果たす力のある人がいいかな」と言いました。しばらくすると、取引先の社員と付き合えるようになったとの報告がありました。その彼は、兄に似て好男子だが、兄ほど派手ではなく、あまり表に出ないタイプ、でも誠実でしっかりしている人とのことでした。

　仕事復帰と男性との交際で、彼女は元気さ平静さを取り戻し、あんなに荒れていた時が嘘であったかのように、良好な状態が続きました。

⑨第九期、性への恐怖を乗り越え結婚へ、78～80回

交際は順調に進み、結婚しようかという話になりましたが、ここで強烈な性交渉恐怖に襲われました。深刻な性的外傷体験を受けた人にとっては当然のことですが、これに対しても最良の方法を共同探求し、彼に少しだけ伝えるのがいいだろうということになりました。

Lがそのことを彼に話すと、「何となく気づいていた。セックスが無理なら、ない結婚生活でも構わないよ」と答えてくれLは安心しました。その安心のせいか結婚後は、彼と着衣での抱擁を重ねているうちに、初夜も無事にすみセックスの素晴らしさに感激していました。

彼女は「夢が弁才天様のところへ連れて行ってくれて私に水をかけてくれたおかげ、私は女らしくなれたわ」と喜んでいました。

⑩第十期、薬の服用についての話し合い、81～93回

彼女は、告白後の会社復帰と、交際、結婚という中で、睡眠剤や安定剤が不要になっていきましたが、境界例治療に必要な気分安定薬リーマスだけはしっかり服用していました。

結婚後、彼女も夫も妊娠を希望していたので、胎児に影響の出る可能性の高いリーマスの中止希望から、薬の話し合いをしました。Lは、薬が冷静さや安定を維持する補助になるという薬効を十分認識していました。リーマスを抜いて、気分の安定が失われないかが心配でしたが、慎重にわずかずつ減らして様子を見ることになりました。

しかし、ゆっくり漸減していく中で、Lは妊娠しました。それで思い切って全部止めたところ、あまり問題はなく精神は安定していたので、リーマスを抜くことができました。

⑪第十一期、夫婦の間のトラブル、94～105回

Lの他責・支配的傾向は依然強く、順調に思えた夫婦関係もトラブルが生じ、夫婦合同面談も取り入れました。その際、互いに相手の立場に立ち行動するために次の決まりを作りました。

◆相手に言ってほしくないことと、してほしくないことはしない。

◆相手に言ってほしいことと、してほしいことはするよう心がける。

この二つを基本に生活し、何回もの波風はありましたが上手く収まっていきました。

⑫第十二期、出産、育児、実母との関係、診察のみの十二年間

その後、出産に不安が生じるも、無事に健康な男児を出産しました。育児にも心配がありましたが、意外なことに実母が足しげく助けに来てくれ、孫を可愛がってくれました。そんな母に対してLは、「こんな優しい面があったのか」と驚きました。子育ての中で、ママ友とのことで被害妄想的になったりもしましたが、それは何とか乗り越えました。

息子が小学校に上がった頃、一緒に入浴中に急に子どもへの性愛願望が生じ、自分には悪い血が流れていると心配し訴えましたが、神話などの例を引いて話し合うと近親姦願望は誰にでもあると知って安心しました。

不思議なことに平安に暮らしていく中で、「今まで兄に性的な行為をされたと思い込んでいたけれど、遊んでふざけていただけかもしれない。私の空想だったのかも」と言いました。治療者が、真相を追求する方がいいか聞くと、今になったらどちらでもいいとのことでした。

その後、遠くへ引っ越すことになり、一応の治療の終了となりました。Lは、以前とは反対に今は生きていてよかったと思うようになっていました。

3　Ｌ事例の解説

大変長い事例でしたが、境界例治療の基本とともにわかりやすく解説します。

①Ｌ事例の特徴、見立て、境界例とＰＴＳＤ

ここまで、事例Ｌの治療を読まれた方はどんな感想を持たれたでしょうか？　治療者の振り回された姿を笑う方もおられると思いますが、このＬ事例の辛さ、凄まじい苦悩に心を揺さぶられた方もあると思います。ここは、冷静にＬ事例の本態に迫っていきましょう。

Ｌは全体を通して見ると境界例という見立てになりますが、兄による性的外傷も考えれば、ＰＴＳＤ（心的外傷後ストレス障害）の合併も考えられます。ただ、Ｌは高度な知性と美貌、物質的には恵まれた環境にあり、かろうじて適応してきたようです。

②両親の愛情不足、仮面家族の一員として利用される

まずＬの病理形成ですが、それは両親から、特に母親から愛情をもらえていないことです。逆に利用され、仮面をかぶせられ、よい子を演ぜざるを得ませんでした。

それは、テレビを中心とするマスコミが描きたがる「理想家族像」に、タレントの父も母も巻き込まれていたのでしょう。俳優の俳とは、二人の人間が演ずる芝居のことを言いますが、まさに仮面幸せ家庭のマスコットにされていたのです。これは「何も信じられない。嘘ばかり」というＬの基本姿勢を作ったと思われます。

③近親姦と心的外傷

両親からの守りのない状態で、同じくネグレクトの状況で育った兄との間の結びつきは強くなるのは自然です。そして、兄からの近親姦という外傷を受けます。普通、近親姦は、父娘間で起こることが多いのですが、兄妹の間でもよく起きます。

私も三百例ほどの近親姦例を経験していますが、ある事例では、二人の兄から性的被害を受けました。五つ上の兄から小四の時、中二の時には三つ上の兄から性的外傷を負います。そういう家庭は、両親との基本的信頼感や守りがないため、その傷を両親にも言えず、一人で悶々としていることが多いようです。

Ｌも相当気持ちが悪かったようですが、我慢しました。しかし後に近親姦とわかり、ものすごいショックを受けます。自分は汚れてしまい普通に生きられない、という考えが芽生えました。

④解離機制とフラッシュバック、美貌・知性・教養の仮面と自己愛満足

ここでも両親に教え込まれた仮面を被ることや、嫌なことを切り離す解離の機制が働いてしまい、何とか乗り越えようとします。しかし、一人になった時は突然のフラッシュバックで、過呼吸発作や過食発作、自傷行為などを起こし、安らかな時はなかったようです。

ただ天性の美貌と知性と、教え込まれたバレエやピアノ、英語のおかげで、周りからの注目と賞賛を浴び、それはかりそめの優越性と自己愛満足を与えてくれたようです。一方で、いくら記憶の底にしまい込んだとはいえ、「自分は汚れきっている」「周りは信用できない」「死ぬことだけ

が唯一の希望」という気持ちは強かったと思われます。

⑤兄の事故死と発症

Ｌは表面上は適応しており、両親は本人を芸能界に入れたかったようですが、両親の裏表のある態度を見ていて到底そんな気になれず、大学院での勉強を希望しました。しかし今度は両親の反対で、一流の大企業に就職し、一応仕事と日常生活はこなしていました。

それが一挙に崩れたのが、兄の事故死です。ここで、彼女は兄に謝罪してもらって救われるという機会を永遠に逸してしまい、自暴自棄的な境界例状態に落ち込んだのです。「私は永遠に救われない。汚れに汚れ切った人間として生きるしかない。もうそれなら死んだ方がまし」という思いを抱いたと思われます。彼女は地獄の底に突き落とされたのです。そして境界例によく見られる症状を呈したのです。Ｌの症状を整理すると、次のようになります。

◆うつ病症状（抑うつ感、自己否定感情、無気力、絶望感、希死念慮、自殺企図）
◆パニック発作、耐え難い不安
◆ヒステリー発作（四肢麻痺、痙攣、海老ぞりという後弓反張）
◆過食・嘔吐発作、浪費癖、大量服薬、自傷行為（見えない部分）
◆不眠、極度の疲労感、眩暈、吐き気
◆イライラ、怒り、母への暴言・暴力
◆対人恐怖、特に男性恐怖、人間不信

◆万能感（自己卑下の裏返し）、他者支配傾向

こんなことで仕事ができるのかと不思議に思いますが、いったん会社に入れば、仕事人の顔をします。もちろん熱心にはできず、絶えず自分の暗黒面が邪魔します。

それゆえ、職場で少し放心状態になることがあり、課長がうっかり彼女の肩に触れて、「君はやればできるから頑張れよ」と励ましたところ、Lは激怒し「パワハラ、セクハラをされた」と言い、実際に訴えかけそうになりました。それで、周囲は「触らぬ神に祟りなし」と考え、恐れられ敬遠されていました。本当に必要な時以外は、怖くて彼女のそばに近寄れないのです。

⑥有名治療者巡りと傷つき

彼女は、かろうじて適応していましたが、苦しさに耐えきれません。この自分の傷を癒し、自分を治したり、楽にしてくれるところなどどこにもないと思っていました。

しかし、心理療法や向精神薬は少しは楽にしてくれるのではと思い、かなり調べぬき有名治療者にかかり始めました。結局、どこでも上手くいかず、最後に私のもとにやって来た次第です。

4　治療、特に境界例治療について

①基本的治療姿勢（境界例夢治療に対する）

『第一は治療実践、治療とは自己実現と他者実現、現在の重視が大切』

境界例治療に限らず、どんな例に対しても、「治療実践だけを考え、治療実践だけを目的にし、治療実践の中で評価する」という姿勢が基本です。いくら夢分析が大事だとしても、それが治療実践の中で必要とされた時になされるのが理にかなったやり方です。

その治療実践とは、普通、「語り・告白・傾聴」「分析・解明・相互検討」「決断・変容」という三段階でいくのですが、これは何も順番に進むわけではなく、その三段階は、同時にまたは逆に起きるかもしれない三ポイントと言ってよいでしょう。

また治療実践の中では、「治るとはどういうことか」が絶えず問題になります。治療目標はいろいろあるのでしょうが、一番は「納得した生き方ができる」ということになりそうです。これは自己実現（他者実現でもある）と言い換えてもいいでしょう。

自己実現と言うと何か難しいような気がしますが、要は「自分のしたい」「自分のできること」「自分に（他者にも）有益なこと」を見つけ、それを実践していくことです。また「思うようにいかなくても構わない」「思うようにいかない辛さを受け止めながら、適切な対応をし、不適切な反応を防ぐ」といった姿勢を身につけることも重要です。その結果、他者との交流・適切な対話、心の表現、自己洞察、幼児的心理からの脱却、納得いく適応（外的にも内的にも適応できる）、苦痛な症状の軽減、決断力の増大、実践的な考えの獲得などが可能になります。

また治療実践では、過去の歴史や成育史を聴くことも大事ですが、何より大事なのは現在のことです。今ここでの現在のその瞬間に、過去も未来もその現在も全て集約されると思っています。だから、出発点は現在の問題からです。

構造枠の重要性、治療契約、ルール設定、器の必要性、波長合わせと共同作業

境界例に限らず、治療の開始には約束が必要です。何が起きるかわからないので、共同作業・共同責任の確認、治療目標、自傷他害の禁止、ルール設定という枠は大事です。境界例にあってはこれに反発する場合が多いですが、徹底的に話し合う必要があります。この事例で治療者が難渋したのは、最初の枠を巡って徹底的に話し合う必要があったのに、それを怠ったからです。

原則的には、治療契約が成立しない限りは心理療法を開始しない方がいいと思われます。だから約束がなされない場合には、まだまだ心理療法に入らず、審査期間が続いていることにした方がよかったかもしれません。実際、審査期間に二年かかった事例を筆者は経験しています。

水に器が必要であるように、心理療法にも構造枠が必須です。「毒消しの器」「心の膿取りの容器」になるには、構造枠という器が必要なのです。もちろん枠に固執することなく相手との波長合わせ・柔軟な構造枠も大事ですが、Ｌの場合は治療者が妥協し過ぎてしまいました。Ｌを怒らせてはいけない、という怯えに治療者が負けたのでしょう。

想像力の乏しさ、対話困難、非負荷質問の重要性

境界例は、想像力、熟考力、傾聴力、正確な表現力が乏しく、対話が苦手なため、情報が乏しく、治療者は困惑することが多いです。それで質問せざるを得なくなりますが、これにも猛反発してきます。特に「どう思いますか」という質問は、相当負担で不快なようで、患者の精神状態を不安定にさせます。要するに心の深部、暗部に光を当てられるのは耐え難いようです。

Lが、プライベートなことを聞いては駄目、不快な質問は駄目と言って治療者を支配しようとしているのはその表れです。治療者は患者によって、先述の「万能者に仕立てられ、こき使われる」アラジンの魔法のランプ願望に巻き込まれています。

②L事例の治療過程第一〜三期

初期の巻き込まれ

実際の治療は、最初から困難に満ちていました。治療契約という大事な器を作らせてもらえなかったのはその一つです。逆に彼女の方から、「プライバシーを聞いてはいけない」「不快な質問をしてはいけない」「記録を書いてはいけない」という三重の反治療的鎖で縛られたのです。

これが生じたのは、ひとえに治療者が逆転移感情（患者への愛着感情）に振り回されたからです。これは彼女が絶世の美女であったというだけでなく、こういう難しい患者に挑戦したいという治療者特有の治療的野心・自己愛感情（治療者としての自分の能力を上げたい、確認したい、自慢したい）と、そのうちに枠ができるだろうという甘い見通しでした。さらに患者を怒らせたくない、怒らせることへの治療者の恐怖が一番大きかったと思われます。この結果、治療者は自分で苦しむだけでなく、クリニックのスタッフまで巻き込んでしまったのです。

治療者の夢と夢分析への導入、断固たる態度

この苦境を救ってくれたのが、やはり夢です。「Lを絞め殺そうとする」という凄まじい夢を送ってくれたのは、一種の神の摂理かもしれませんが、治療者に再考を促しました。

治療者がこの夢で気づいたことは、一方的にＬに支配されている治療者自身の凄まじい怒りでした。これは放っておくと大変なことになるので、自分の怒りをどうすれば治療に活かせるかを考えました。これが夢分析の着想へと導いてくれたのです。

実に治療の第一の展開は、この治療者の怒りを込めた夢分析導入の命令でした。これにはＬもびっくりしたと思われます。今まで、自分の言うことをずっと聞いていた従順な治療者が、百八十度豹変したわけですから。まさに「エナンティオドロミア（逆転）」が起きたのです。

この辺りは、グリム童話の『かえるの王子様』のことを思い出させます。童話では、王女が主人公で、怒りのあまり蛙を壁に叩きつけると魔法がとけて、素晴らしい王子に戻ったというものです。治療者も怒りを出すことで、成長できるのかもしれません。

このような治療者の怒りを込めた激しい命令で、治療は中断しても不思議ではないのですが、もう二十回も面接を重ねているので打ち切れなかったのでしょう。こんなに続いたのは、筆者という治療者が初めてだったので、彼女も引くに引けなかったのかもしれません。

もう一つ付け加えると、繰り返し彼女の毒に当てられながら、何とか患者も治療者も生き延びたということです。キルケゴールが強調したように、反復の繰り返しの大事さがわかります。

③治療の第四期（夢分析の治療過程、共同連想）

Ｌが十の夢を報告したのは、治療の第二のそして最大の転機であったと思われます。この時は、共同作業の夢ヴァージョンとしての共同連想を使いました。Ｌは想像力の貧困さがあり、夢を表現するのも治療者の助けを借りてやっと報告しましたが、連想となるとまったく湧いてこないようでした。ここで治療者が「自分の連想を言ってみましょうか」という気持ちが自然に湧いたのでそれを口にし、結果的には本人の想像力の開発に繋がったと思われます。

ここでは、相互の弁証法的対話を念頭に夢の共同連想を試みたのです。この時の連想の伝え方は、相手にあまり負担をかけないといった非負荷質問のようにふわりと投げかけ、さらに治療者の連想について何か浮かんでくるか、そっと聞いてみるというものでした。ここで大事なことは、治療者の連想は決定的ではなく、勝手に思いついただけのものだと説明しておくことです。

また正しい夢の解釈とは、「患者の心が納得し、役に立ち、事実に合っているもの」と伝えました。そして、なるべく一人で到達する方がいいが、難しい場合は治療者の連想をヒントにしながら、自分自身の腑に落ちる解釈を探っていくのがよいと伝えました。こうして想像力の開発を目指しました。

第一の夢　水の夢について、患者は何も連想が湧かないと言いました。しかし治療者にはいろいろな連想が湧き、それを整理して事例に記載しているような連想を伝えるといった具合でした。

これにより彼女は、少し夢に関心を持ち始めたようです。

第二の夢　「上る夢」ですが、治療者には治療を目指して前進しようとする前向きさが感じられました。また、今の泥沼状態から何とか抜け出したい、という彼女の願望も潜んでいるでしょう。果てが無いというのは、彼女の果てしない貪欲な「他者支配欲求」「他者への愛着欲求」かもしれません。いずれにしても、人生も治療も終わりがありませんし始まりもないのです。

　仏教で言う「無始無終」なのです。そして上ったり下がったり、進んだり休んでいくという営みを永遠に繰り返すだけなのです。そうした営みの一瞬一瞬を大事にしていけばいいのです。

第三の夢　森や泉という生命力の象徴のようなものに出合っているのは、大変いいことです。しかし、まだそれを持続的に味わえることなく、すぐに砂漠のような「社会の現実」と裏切りや見捨てられの現実に出合わされるのです。

　砂漠の中に一人放り出されても、オアシスを見つけようと歩き出しているのは評価できます。またオアシスは幻であることが多いものです。実際にオアシスやお城に着いて、水をたっぷり飲めたとしても、そこはすぐに幻となり砂漠的現実に変貌するものです。

　さらに、ここでは夢分析の苦痛や危険なことを指摘しておいたのは、自然なことかもしれません。夢分析に限らず、素晴らしいもの、例えば車や飛行機などには必ず危険が伴います。それと、夢が自らの活動の場として砂漠を選ぶことが多いという事実を治療者は経験しています。たぶん、心の渇きが、もっとも象徴されやすいのでしょう。したがって、この砂漠の夢はとても重要で、彼女の特別な実存的状況を示してくれているようです。

第四の夢　第三の夢の続きのような感じです。患者の砂漠を放浪している時の願いは、木々と緑の草原とお花畑に出合うことで少し聞き届けられ、自由に活動できています。

　木は、哲学者のシモーヌ・ヴェイユが言うように、根を持つことの大事さを伝えてくれています。これにより、心の根こそぎ状態を防いでくれ、自己発見と自己実現のきっかけを与えてくれるのです。木や草が水分を含み青々しているところは、彼女の安らぎの場所なのでしょう。

第五の夢　「水浴びをためらう夢」では、元気を得たのか川にたどり着きます。ここでの川は、現実社会や自分の鏡かもしれません。洗礼の場所、死と再生の場所の可能性もあります。

ここで裸になり、水に映る自分のきれいな姿に見とれてしまうのは、強烈な自己愛傾向なのでしょうが、これが「健康な自己愛」に育ってくれればいいでしょう。悪性の自己愛と違い、良性の自己愛は自分も他者も大切にしていく姿勢です。

Lが水に入るのをためらったのは、「これ以上入ると危険」「無意識に呑み込まれ、溺れてしまう」という気持ちが出たのかもしれません。結局、まだ準備が整っていないのでしょう。

第六の夢　「水源探究の夢」では、誰かに引っ張られている感じです。水源を探るとは、自分の苦しみの原因だけでなく、自己そのものの探究意欲もあるのでしょう。第五の夢での自己愛からくる自信もあったのかもしれませんが、自分というものを探りたくなったのでしょう。

たどり着けないということは、現実の苦しさや自分の無意識と向き合うのはまだ早いということか、無意識が広大過ぎるのかもしれません。治療者は、ここで水源探究ができなくても、し続けることに意味があることを説いていますが、彼女にどれだけ伝わったかは疑問です。

第七の夢　Lは、水源探究の代わりに今度は橋を使い、向こう岸（楽園や治癒状態を指すのかもしれません）に渡ろうとしますが、残念ながら橋が途中で切れています。しかし小舟がおいてあります。明らかに彼女を誘惑しています。止めればいいのに、彼女はその誘いに乗ってしまいます。その結果大変なことが起きるのです。

案の定、渦に巻き込まれますが、何故粘液なのでしょうか？　これは明らかに精液の大きな塊でしょう。兄からの外傷体験が関連していますが、彼女は穢れたと言うだけで、治療者の前では、兄のことは口にしません。時期尚早ですが、夢は先取りしています。

第八の夢　「お風呂に入る夢」では、その穢れた体を母が洗ってくれます。このように浴槽という限られた中では、水浴びが可能なのでしょう。そして憎んでいた母が登場し、しかも彼女を浄めようとします。ここのところは、母との和解、あるいは悪しき母親像の修正、悪い母イメージとよき母元型の統合が課題になってきているのでしょう。

また兄のことを言っても、受け入れてもらえる母になってきたのかもしれません。しかし、まだそれは早そうな気もします。それでこちらからは問うことはせず、彼女の出方を待ちました。ただもしここで思い切って介入していれば、自殺未遂は防げたかもしれません。

第九の夢　何かせねばと思ったのか、湖で泳いでいます。しかしまだ力がついていなかったのか、途中で溺れかけます。ここで救い主の若い男性が現れたのです。今まで否定的な男性像しか持てなかったＬに、ついに肯定的で彼女の理想とする男性、中世の騎士が現れたのです。

英文学を専攻していたＬは『アーサー王物語』が大好きで、その中の騎士ランスロットは憧れの的でした。現実の男性が不潔で卑劣なのに比べ、ランスロットの清潔さ、強さ、美しさは群を抜いていました。当然、彼女は彼に縋りました。普通の男なら大喜びするところですが、彼は自分の責務を大事にします。こういうところが、彼女をいっそう引き付ける彼の魅力です。

しかし今度も振り落とされ、去られてしまいます。今までの挫折（果ての無い目的地、砂漠に見捨てられる、幻のオアシス、水浴びのためらい、粘液の渦に巻き込まれる）」を経験している彼女は、いよいよ「私は生きていける力と自信がない」「私は生きることを許されない存在だ」という確信が強くなり、ついに大量服薬とガス自殺ということを現実に決行します。

幸い助かったものの、つくづく夢分析も含め、「治療は誘惑であり、よくなるとは自殺の可能性を増やすことだ」という言葉が重くのしかかり、治療者は罪悪感でいっぱいになりました。そして当然のことながら、夢分析を固く禁じました。しかし禁じたと言っても、夢の力は、そんな個人の思惑に関係なしに働きます。それが最後の第十の夢だったのです。

第十の夢　この中のイルカの赤ちゃんは、L本人でしょう。大事なことは、自分で自分を必死に助けているということです。大きくなったイルカも、本人のことです。

そしてついに社会の大海原へと進み、弁才天に出会い、そこで灌頂の水をかけてもらえるのです。弁才天はインドの女神サラスヴァティですが、もともとは水の女神ということです。それが次第に、音楽、学問、智慧、富貴、長寿といった幸せの女神に変わっていきました。

水を頭に掛けられるのは、密教の「灌頂の儀式」を連想しますが、今までよく頑張りましたね、というお褒めの言葉かもしれません。母だけでなく、弁才天様にも浄められたということです。

ここまで十の夢を見ましたが、全体に自立を促す自己、傷つく自己、助ける自己と助けられる自己、決断する自己など、多数の自己が混淆《こんこう》し合いながら、次の世界へと進んでいくことを示しているようです。また試みと挫折、穢れと浄めの繰り返しの夢が続いたとも言えます。夢というのは、本当に強い力を持っています。治癒の方向に向かわせながら、自殺などの死の危険にも導くからです。

④治療の第五～六期（告白を巡っての葛藤）

このような夢の展開、特に最後の夢で安らぎを得た彼女は、告白の葛藤に直面しました。後で思っても、治療者はこの時は告白をそんなに望んではおらず、できれば安らかな状態で秘密を維持できることも祈っていました。さらに言うか言わないかで迷うこと自体が心の成熟に繋がると思っていたので、どうなるか見守る気持ちがありました。

告白の条件や告白後のことについて話し合うことは重要だと思っていたので、それは共同討議しました。このように「最良・最悪の結果は」という質問をそっと入れながら、本人の予知能力を開発し、告白するしないの葛藤を味わってもらうことで、本人の心の強化を狙ったのもよかったと思われます。

結果的には告白を選びましたが、もし本人が告白前の話し合いで気が向かないようなら、無理に告白しなくてもいいと考えています。告白することや告白の内容より、それを巡って本人の自己（セルフ）が豊かで強く柔軟になり、全体性を回復することが重要なのです。

内容は、予想したように大変なものでした。Lはこれを語りながら、涙し混乱し前後が不明になったりして、治療者が少しずつ羽衣質問で明確にし、要約するという形で進みました。内容は、ほとんど苦しさと傷つきの歴史でしたが、バレエ、英語とピアノが生きがいであったのは幸運でした。メロディーや運動は、水の流れのように癒しの効果を持つようです。

これを聞いて、治療者は予想していたもののあまりの迫力に涙しました。思わずの逆転移感情の漏出であり、Lの治療者への独占恋愛性転移が生じましたが、これに関してはそれを尊重しつつも、治療関係の枠を守らざるを得ない辛さを言うことで納得してもらいました。

⑤治療の第七〜十二期（恋愛、結婚成就、出産、母の愛の再発見、近親姦願望、終結）

この後は、恋愛、性の問題、結婚生活などさまざまなことがありましたが、その都度共同探求により患者の想像力を引き出し、乗り越えられたようです。薬についても、「万能の霊液」と考えてくれたのもよかった点です。夢分析をする心理療法家の中には、薬の使用に否定的な方もいますが、私は上手く使えば想像力の開発に繋がるという臨床的実感を持っています。

また、結婚は幸せばかりではありません。結婚は喜びや救いの面もありますが、同時に、困難で苦痛に満ちている面があります。結婚は、愛だけでなく拒絶を持って相手にぶつかり、自分自身と世界、善、悪、高み、深さを知ることを学ぶ自己実現の営みなのです。

Lも結婚生活の現実にぶつかりましたが、彼を交えての共同探求で乗り越えたようです。彼の出現、交際・結婚は、個性化・自己実現を育むきっかけを作ったことになりよかったです。

母の愛の再発見、近親姦願望の自覚、性的外傷体験が空想だったかもという連想は、心の領域を広げ、全体性という自己実現を助けました。重症例の改善後「病気のふりをしていた」「性的虐待を受けたと言ったが、思い込んでいただけ」と言う人がいますが、性的外傷や心的外傷が事実かどうかは本人が問題にしない限り取り上げなくてもよく、それより心的現実を尊重します。ここでは、「空想だったかもしれない」という心の幅を持てたことがよかったです。

⑥水の夢について

筆者は今まで、五万以上の夢に接していますが、水や水関連の夢はその中でも群を抜いて多いようです。水は普遍的で、タレスが言うように、「万物の根源は水である」と言えそうです。

水の象徴もそれこそ、多岐に渡ります。『イメージ・シンボル事典』によれば、「水は、①生命の源、②浄化の手段、③再生の中心」ということです。さらには「無数の可能性」「芽の中の芽」「潜在的で巨大なタンク」「根源に帰ること」「新たな力の汲み取り」「退行と崩壊」「純質、善、美」「恩寵、徳性」「第一質料、世界の卵」「無極」「祭式の清め」「養育者、栄養物」とさまざまです。

ガストン・バシュラールも『水と夢　物質の想像力についての試論』で、水の多様性と奥深さを紹介しています。水は心の道標、魂の導き手でもあります。これらの象徴をじっくり味わうことで、水の夢だけでなく、他の夢の分析も豊かなものになると思われます。

Lの壮絶な人生と治療過程に対して付け加えることはありませんが、あえて言うとしたら、やはり治療は「隠された物語」や神話の発見ということでしょう。

5 夢の治癒力〜魅力的な夢を多く生み出した例

最後に、二千以上もの膨大な夢を報告してくれた貴重なM事例を報告します。Mさんは、三十代の女性ですが、五年ほどで二千あまりの夢と連想を聞かせてもらえました。

彼女の夢は深くまた幅広く魅力に富んでいますが、それだけではなく「夢の癒し」の内奥や素晴らしさを示してくれました。ここに、その一端を紹介します。

事例M　うつ病からの脱出を助けた十二の夢（三十代・女性）

①主訴、問題点

長年の頭痛、不安、抑うつ、焦り、不眠、悪夢、疲労感、胃腸症状、肩こり、頸腕症候群、解離症状、物忘れ、自傷行為、希死念慮など。

②病歴

Mさんは、ある地方のT高校（そこは全国に系列を持つキリスト教系U学園グループの一高校）の英語教師を命ぜられ勤務していました。責任が重くなり、不安、頭痛、英会話クラブの責任、進学クラス担任の重さ、不登校生徒の世話、多くの教務分掌に苦しんでいました。自分の時間が取れず、授業の準備が不十分になっても相談相手はおらず、神はこんなことを私に望んでいるのか、神が本当に望んでいるのは何かなどの疑問が湧きました。この頃、頭痛がひどく、一日十数錠もの鎮痛剤を飲んでいたとのことでした。

彼女は敬虔なクリスチャンで、学園と密接な関係にある教会活動にも熱心でしたが、時に負担が多過ぎて悩むことも多々ありました。教師活動よりも教会活動での悩みが多いようでした。

その後、抑うつ感、不眠、強い頭痛が生じました。学校で倒れましたが、内科的には異常はなく、入院中は自分を責め続け、「神への愛・信仰、自己放棄が足りなかった」と反省しました。こんなに神様とつながらない体験は初めてで、どうしていいかわからないと思ったとのことでした。そして、某心療内科を受診するもあまり改善せず、退職して実家に戻りました。

③治療経過第一期

筆者のクリニックを受診し、事情聴取をしました。うつ病傾向（周囲への気遣い、拒絶ができない、自分が弱い）が強く、うつ傾向のメリットとデメリット、できることとできないことの区別、他者と自分の区別について話し合いました。

五月からの教会の研修先での不安を語り、その後、人に会いたくないこと、辛さ、疲労感、微熱を訴え、教会に行けないことを辛がっていました。

④治療経過第二期

研修地で、また苦しくなってきたこと、向こうの医師に「全部自分が悪い」と言われ、ショックだったとのことでした。

その後、薬を飲むと眠れるし落ち着くが自分を責める声が強いこと、頭痛がひどいこと、微熱、身体の緊張を訴え、四年間の教師生活のしんどさを引きずっていると語りました。学校は競争社会で、神様が望まない生き方なので、教師をしていない今は嬉しいし、もとの自分に戻りたいとのこと。「神が望むもの」「他者との係わりで恐れることは」といった内容の話し合いをしました。

否定的に考えること、学校生活ができないこと、緊張や不安に対してどうするかについても話し合いました。教師は苦手で緊張するし、考え方の違う人や攻撃的な人が苦手で、できないことを要求された時どうするか、先取り不安、完全癖についても話し合いました。

それにより少し前向きになり、時々U学校（グループの本部）に行き、別の教師の悩みを聞いたりもできています。自分を大切にすることは、自分を甘やかすことと違うという話し合いもできています。「学校に戻るにあたっての怖さ」「先輩や校長との適切な関係」について話し合うと同時に、「自己肯定やできたことを評価すること、完全でなくていいこと」などを語られました。

「神への奉仕、自分への奉仕、他者への奉仕の三つの調和が大事」とのことを共通認識した上で、三月に八日間の黙想に入りました。ただ黙想中に、緊張やうつで、途中で家に帰ることがあったので、「身体の疲労の信号とその信号に対する適切な対応とは？」について話し合いました。続いて、「自分が元気な気がする」「ショックを乗り越えられる」との発言がありました。

⑤治療経過第三期〜近視の手術と疲労外来

眼のレーザー手術（生徒の顔をしっかり見たいため）は成功するも、疲労感が強く「疲労外来」を受診し、「うつ病による遷延性の慢性疲労状態」との診断を受けました。

疲労の内容と原因について話し合うと、辛さ、頭痛、気分の悪さ、希死念慮が強くありました。「自分の身体と対話するのが下手」ということで、疲れの改善がなされず、やや治療は膠着状態に入ったような感じがありました。そしてこのままでは駄目だと、U高校に復職しました。また教会の活動も熱心に取り組もうとし始めました。

⑥治療経過第四期〜夢利用始まる

彼女は多くの課題を抱え、特に疲労の壁に苦しんでいました。この時、彼女が夢をよく見るということで、夢を報告してもらうことにしました。彼女は、初回に以下の夢を見ます。

夢1　戦いの夢

「二人の少年が剣の試合をします。周りにたくさん蛇がいて、蛇から身を守りつつ、相手の動きを上手にかわして相手を倒すというルールです。

試合では一人の少年の方が強いので、もう一人が圧倒的に不利な状況にあります。強い方の少年は自信があるので、弱い方の少年を見下します。しかし、弱い方の少年が勝ちます。そのことで負けた少年は腹を立てます。剣を下げた時、周りの蛇が一斉に飛びかかってきます。その蛇をかわしていると、負けた方の強い少年が勝った方の少年にまた襲いかかってきます。

その時、負けた方の少年に別の方からもう一匹毒蛇が襲いかかってきて、咬みつきそうになります。そのことに気づいた勝った方の少年が、負けた方の少年を助けました。

しかし負けた方の少年は、プライドが高く素直になれません」

本人の連想

一番印象に残ったのは正義という点で、ハムレットの決闘シーンを思い浮かべました。人生の歩みの中ではさまざまな困難と理不尽なことがあり、誠実に生きることが大切だと思いました。夢の中で勝った方の少年は、私です。強い方の少年は、U高校の校長先生です。たくさんの蛇は理不尽な要求をする人です。毒蛇は、理事長先生です。

相手と協力したいのに伝わらず、戦うことになってしまったことに対するもどかしさを感じます。何となく前の学校（T高校）における、私と校長先生との関係をイメージします。

でも弱い方の少年（私）が、強い方の少年（U校長）に何故勝てたのか不思議です。私は相手と仲良くしていきたいと思っているけれど、根本的な部分で考えが違うので対立してしまうこと、同じ人間なので歩み寄りたいと思っても相手にその気がなければ無理なこと、それでも歩み寄ろうとすると傷つくことを思いました。

それぞれ、相手のこともわからないわけではないけれど、自分の中の正義が大切で譲れないのかもしれません。

筆者の連想

この夢のテーマは、戦いだと思われます。それも「心ならずもの戦い」で「(協力を目指しながらも)長く続く戦い」のようです。夢の中での弱い方の少年がＭ自身で、強い方の少年が校長先生で、地方時代の高校の校長先生なのは興味深いです。Ｍ自身の中で、高校の先生時代のことの整理がついていないし、大きな葛藤や問題点を残していることを示唆しているのでしょう。

先生をしている時、彼女は多くの重荷を背負っていましたが、その負担に対して、校長はあまり理解を示していなかったようです。だから、校長が戦いの相手になるのは当然で、Ｍよりも多くの力を持っているがゆえに、強い少年として登場してきても不思議ではありません。

しかも戦いの相手は強い少年だけではなく、多くの蛇たちも相手にせねばなりません。蛇は理不尽な要求をする人たちだとＭは連想していますが、具体的には生徒、保護者、同僚・先輩の先生などＭの関係者で、彼女の大変さを理解せず次から次へと要求を持ってくる人たちのことを指しているのかもしれません。蛇は、こういう執念深い人たちのしつこさを表します。

この両者の最初の戦いはとりあえず、Ｍの勝ちとなります。Ｍ自身は何故勝てたか不思議だと言っていますが、正義の理はＭにあることを示しているのでしょう。しかし、彼女はまだそれに確信が持てないようで、この点はＭの課題として今後に残ることでしょう。

さらに負けたはずの少年（U校長）が、再び蛇を使って負けを認めず戦おうとしています。これは学校という機構の持つ「強大な力」を表しており、学校だけでなく学校経営グループをはじめとするあらゆる集団で出てくる現象で、これとの折り合いもまた一つのテーマになるでしょう。毒蛇（Uグループの理事長）がU校長に襲い掛かり、Mが校長を助けているのは面白い点です。理事長と校長の関係を知る必要があるでしょう。

助けてあげたのに、まだ素直になれない強い少年の存在は厄介です。強い少年からは、上司、管理者、権力者、命令してくる人、要求してくる人、強大な人、無理解な人とさまざまな連想が湧きますが、この世に生きている以上、Mに限らず私たちもこういう人たちとの付き合い方・戦い方を考えなければならないのでしょう。

それでは、この夢は何故この時期に登場してきたのでしょう。この時期は、やっとU学校復帰を果たしたものの、激しい頭痛と強い疲労感に襲われ、疲労外来に行っても治らずに苦闘しており、希死念慮も出てきたほどの時でした。

一般に、無意識の深刻で重大な葛藤や問題が解決できていないと、無意識が収まらず、症状、失錯行為、事故、夢、自由連想などに出口を求めると言われています。ここでMの「未整理な無意識」は、症状という破壊的で苦痛な現象から、夢の方へと向きを変えたとも言えます。彼女の未整理な無意識がどのように意識化され、そして整理され心に収まるかは今後を見ていきます。

心の整理とは、魂鎮めであり魂の浄化でもあるのでしょう。あるいは、心がバランスの取れた曼荼羅のように収まるところに収まるといったことかもしれません。いずれにせよ、夢や無意識は「神のメッセージ」ということを痛感させられます。初回夢は、大変大事で展望夢とも言えます。その意味でこの夢が示唆する展望は、夢見手の潜在能力の高さと現状の課題を示しており、正しく進めば治癒に至る可能性を示してくれています。

夢2　怒りの夢

夢1とほぼ同じ時期、三日後に今度はもっと明確な夢を見ました。

「学校の職員室に、母と一緒に来ました。周りに先生たちがいます。職員室に、W高校の校長先生が入ってきて、私たちを見つけます。それでいろいろ心配して話しかけてきました。

話している途中で、母が怒り出して、地方の学校（私の勤めていたT高校）の校長のことを、悪く言い出し腹を立てます。びっくりした私は、母を必死で止めています。

Wの校長は、『Wに来たらいい。一緒に頑張ろう、学校を守っていこう。Tとはまた違うよ』と言います。私は彼女の親切な言葉に感謝していますが、心の中では、『もう、別の学校には行かない、どこに行っても同じ。事業所中心に考えているなら同じこと』と思っています。そして、その誘いの言葉に何と返事していいか困っています」

本人の連想

この夢からは、希望のない未来といったものを感じます。現実に近い夢で、私の諦めが感じられます。一番印象に残っているのは、母が怒っているところです。

全体として、学校グループの事業所の多さと、それを中心に考えている人たちの多い現実に希望が見出せずにいます。それでも私は自分の学校を愛しています。教師活動も大切なので、その生き方との間で板挟みになっているイメージです。

でも、学校や教師活動が大切で堪《たま》らないのが不思議です。現実は当分変わらないこと、それでも教師生活は私にとって大切なこと、他の学校ではなく自分の学校を愛しているけれど、自分はどうしようもないと今は希望を持てずにいるのだと思います。別の学校にはもう行かないのに、また学校に誘われているのは嫌です。

その後、さらに筆者が幾つか質問すると、以下のような連想がさらに引き出されました。

校長先生には「クリスチャンなんだから、もっと自分（校長）のことを手伝ってほしい。学校の精神を守っていくために、クリスチャンとして学校の立場に立って教師職に全てを捧げてほしい。あなたは学校に派遣されたのだから、教会の仕事をしたり祈る時間があるなら、その分あなたはもっとそれを学校のために使ってほしい。あなたは自分を捧げつくしていないし、自己中心的だ。もっと学校のためにしっかりしてほしい」と怒られました。

保護者には「クラスのことをしっかり纏《まと》めて指導していってほしい。あなたは他のことに忙し過ぎて、クラスに時間を取れずにいる。だから、生徒の心もわからないし、傷つく生徒もいる。指導力不足です」と怒られました。

先生たちには「私たちの気持ちを理事長や校長に伝えられるのはM先生しかいないんだから、もっと言ってほしい。私たちは生活がかかっているから自由なことは言えない。でも先生は、学校の経営母体の一員だから首になることはないんだからもっと言ってほしい」と言われました。

教頭先生や理事長先生には「学校のことを考えてほしい」と言われました。

詳しくは忘れましたが、こんな感じのことを皆に囲まれて責められて、怒られて言われています。私は泣いていて、もう無理と思いました。私は教師生活がしたいのであって、事業所が全てにはなりたくないと怒っているけれど固まってしまって、自分の無力さを強く感じました。

というようにまず地方での高校での辛さを語りました。続いて、次のように述べています。

夢の内容は、何だか現実にあったことと似ているなと思いました。「学校生活は教師職が全て。ただ事業所が作られた時の精神を守るために、何とか事業所を守っていくことが大切」と考えている先生方と、私の考えの違いに戸惑っています。

私が先生になったのは、キリストと創立者の精神を祈りのうちに生きていくためで、教師職はその表現で時代によって変わっていくもののように思います。だから、事業所が時代によって私たちを必要としないのであれば、新しい道があっていいと思うのですが……。先輩教師方の生き方は否定しませんが、その考えを私たちの世代に押し付けられるのはしんどいです。

夢は、思い出すと、何だか今の自分のようで疲れてきました。

そして、今この夢が登場してきた原因・目的については、次のように続けました。

学校にいた時にたくさん怒られたことが、心に残っているのだと思います。もっともっとと求められて、もう無理だなと思いながら、毎日否定されたのは辛かったです。

「皆いろいろあるけれど、ちゃんとしてるのよ」と言われ、学校を続けられなかった私は甘い存在だという思いが心にあるから、夢に出てきたのかもしれません。今も自分を否定しているのかもしれません。前の学校の校長先生が本部修道院に来られた時に無視され、まだ私のことを怒っていると感じたのも夢を見た原因かもしれません。

夢はその時々に応じて、昔のことでも全然関係のないことでも見るので、神のメッセージかもしれません。聖書にも夢がメッセージとして出てくるので、夢を通して語られることもあると思います。聖書の言葉の箇所を思い出せなかった時、夢で教えてもらったこともありました。

今、自分の心がわからなくなってきたし、神様が何を望んでおられるのかわからなくなってきたので、神様のお望みが夢を通してわかると嬉しいと思います。今のしんどさが楽になるのなら、夢を通して導いてくださるといいなと思います。

また、この夢の続きについての質問に対しては、次のようにきっぱりと答えました。

学校に戻るとは言えないし、発展途上国の学校に行きたいけれど体力に自信がないし、カンボジアに行くにはクメール語に自信がないし、いろいろ悩むと思います。ただ、神様との係わりを一番中心にした信仰召命を生きたいと思います。

筆者の連想

この夢2では、夢1よりもはっきり、U高校での辛さ、苦しさ、寂しさ、怒りが表されていて、M本人の課題、「祈り中心の生活」対「事業所、使徒職中心の生活」、聖と俗との対立、いろんな違った局面でどう対応するかといったことが出ています。さらには辛かった教師経験をどう心に収めるかも、今後問題にはなってくるでしょう。学校とは何なのかということが問われています。

ただ、夢を神のメッセージとして捉え、自分を導くものとしているのは、今後の予後に期待を持たせる点ではあります。怒りをはっきり出せているところも（母の力を借りてにせよ）、いい点です。母は母自身でもありますが、Mの分身、すなわちMの自己主張の部分かもしれません。それが母という形象《かたち》を取っているのでしょう。

夢3　守り主の夢

このような辛い思い出の夢と並んで、希望をもたらしてくれている夢もあります。

「世界は滅亡の危機にさらされています。一人の女の子が生まれました。その子は自然に愛され、空を飛んで風にも乗れるし、海の中でも呼吸ができ自由に泳ぎ回れます。緑も彼女には優しいのです。他にも、海に愛された子ども、空に愛された子どもなど時代に応じて生まれるのですが、全てに愛されたのは彼女だけです。自然は、今はもう人間の手により滅びる寸前でした。

遠い昔、海が荒らされた時代がありました。その時は、海に愛されていたある海の守り神が、命を懸けて海を守るために、大きな蛇の姿になって、海の中で鎖につながれ自分自身が楔《くさび》となり

ました。自分がそうなっても、世界のバランスを持ち直すことを喜んでいました。

長い年月が経ち、人々は昔のことを忘れていました。そして人間の我によって、世界はまた危うくなってきました。その時、世界の調和を保ち、世界を作り世界を愛しておられる存在は、密かに心に決めたことがありました。世界に自分の愛娘を送り、かつては守り主でしたが今は弱ってしまった大きな蛇の代わりに、新しい守り主にしようとしました。

長い間、海の守り主であった大きな蛇は自由になり、喜びのうちに海を泳ぎ回って、昔の仲間に会いに行きました。造り主の愛娘が守り主になったことで、世界は安定を取り戻しました。

今は新しい守り主となったその娘の娘が、世界の自然の愛をいっぱい受けて、自由に空を飛び、海を泳ぎ、大地の緑を蘇らせています。守り主が自分の母であることを知った少女は、母の首飾りをいつも胸にかけて、この世界が美しいままで保たれていることを思いました。少女はもう二度と、この世界が壊されることのないようにいつも祈っています」

本人の連想

救いを強く感じました。何か『三剣物語』という小説（漫画）を思い出しました。人は同じ過ちを繰り返すのですが、どの時代にも救いのメッセージを持った人がいると思います。

一番印象に残ったのは、海の守り主の大きな蛇が自由になって喜ぶところです。

自然に愛された女の子は、夢の中では私でした。海の守り神の大きな蛇は、聖母マリア様です。造り主の愛娘で新しい守り主・少女の母は、キリストです。

世界には昔から多くの預言者や天使が神様から遣わされ世界を守ろうとしてきたけれど、人々・世界はいつも破滅の道を歩んでしまいます。それで全てを完全に救うために、最愛の一人子キリストをして、神様は世にくださいました。そして救ってくださり、世界の救いは完成されました。私たち一人ひとりは、だから世界から神様から愛された存在というイメージです。キリスト教の教えと少し似ていると思いました。救いの喜びと神様の愛に満たされている幸せを感じます。

ただ不思議なのは、造り主の愛娘がキリストなら息子なのに女性であることです。神様は自ら以上に大切な子どもを送ってくださるほど、世界を愛しておられると思いました。

筆者の連想

夢３は、美しい物語（メルヘン）のようです。自然や世界はそのまま自然世界であるし、Ｍの心の全体かもしれないし、現実や修道会や学校という共同体を考えてもいいでしょう。

ここに登場する、女の子、自然世界、人々、造り主（大きな蛇）、大きな蛇（造り主）の愛娘、その愛娘の娘（最初の女の子）といった存在からはさまざまな連想が湧きます。

例えば、少女はＭ自身（自我部分）、自然世界はＭの心全体（セルフ）、人々はＭを悩ます多くの負担・課題、造り主はもちろんＭをサポートするものですが、時としてＭに多くの義務を強いる存在かもしれません。少女の母である愛娘はキリストでしょうが、聖母マリアと考えてもいいです。いずれも両者は犠牲と復活、艱難辛苦と希望、死と再生を連想させます（Ｍはどちらかと言うと犠牲や苦労の方ばかりを体験させられ、救いを待っているのかもしれない）。

あるいは、自然世界はM自身の肉体かもしれません。彼女の身体の声は、もっともっと自由に羽ばたき泳ぎまくりたいのかもしれません。自我である少女が、自分の肉体を救えるかどうかは今後の重大な問題です。また、大きな蛇が守り手の役を解かれて自由になっているところは印象的です。義務と自由の調和も大きな課題でしょう。

この夢はMの願望（世界や共同体の平和、自分自身の心身の安定・安らぎ）を表しているようにも思えますが、その希望が夢の中に出てきていることは、Mの前向きに生きようとする部分を表しており、夢3は夢2と対照的です。

ただM自身が現実でこの希望を実現していくには、まだまだ課題が大きいかもしれません。もう一つ感ずるのは、怒りなどの感情を表出するのも大事ですが、適度に封印することも大事なのでしょう。女の子と、祖父にあたる大きな蛇と、キリスト・マリアの三位一体、または四位一体（四は完全を連想させられる）の調和が必要で、どれも不可欠な存在なのでしょう。

夢4　試練の夢～迫害と信仰堅持の夢

課題に対応してか、次には試練の夢を見ます。以下、夢も連想も解説もかなり簡略化した形で述べていきます。

「電話では同じことになるので、そこに話し合いに行きますが平行線になり、捕まえられます。もう一人の捕まえられた女の子がいます。男の人と女の人が『信仰を捨てるように』と迫りま

すが、私は必死で祈ります。女の子もアベマリアの祈りをともに唱えます。閉じ込められますが、大洪水が来て部屋が壊され私たちは自由になりました」

本人の連想

追い詰められることや、自分の信じているものが間違っているのかもしれないという不安や、闇の中でこれだけは手放すまいという必死の思いで疲れます。何かジャンヌ・ダルクのことも思い出しました。

信仰は、時として迫害の対象になるということ。闇の中で頼りになるのは、祈りだけであること。理解し合えないままでいることもあり得ること。

筆者の連想

まず、いろいろな疑問が浮かびました。それは、「何故信仰は迫害の対象となるのか？」「迫害にどう向き合えばいいのか？　祈りとは何か？」「無理解・不理解は何故生ずるのか？　それに対してどう向き合えばいいのか？」「大洪水はノアの方舟《はこぶね》を連想させ、神の偉大さ、夢見手の信仰の深さ・強さ、信仰が最後に勝つという道理を表していると思われるが、大洪水で自由になれたという結末をどう考えたらいいか」といったことです。

それと同時に、筆者はＭの揺らぎが他人ごとではないと感じられました。特に治療者として患者の治療に自信がなくなることがあります。私たちはこの「迷い」というものをどう考え、どう向かい合っていくかということが常に課題になります。

いずれにせよ、信仰を守ろうと必死にがんばるMの姿は感動的です。

夢5　回帰の夢

次は、不思議な夢を見ます。

「古い家に行き、おばあさんと仲良くなります。『海に家宝がある。いつも取りに行っていたが、自分は老いて取りに行けなくなった』と言うので、代わりに海に潜って取ってきてあげます。おばあさんは喜びます。その入れ物の中には、何か大切なことが書かれています。おばあさんと二人でクリスマスの飾りつけをしていると、周囲の人はあまりよい顔をしていません。でも、おばあさんと二人で飾りつけをしているのは楽しいです。

おばあさんは、引き出しを持っています。『引き出しにもリボンをつけましょうか』と言うと、照れくさそうに喜びます。

一緒に準備中におばあさんの具合が悪くなりました。救急車を呼ばなくてはと思っているうちに、おばあさんは海に落ち、海に帰っていきました」

本人の連想

おばあさんは、聖人（アッシジの聖フランシスコ、マザー・テレサなど）です。聖人も最初は変な目で見られましたが、実はそんな人ほど本当の宝を持っていて本当の喜びが何かを知っている人かもしれません。

神様の前で喜ばれる人というのは、必ずしも周囲の評価と一致しません。その人の心の深淵には、神様との係わりとなる大切なものがあり、その人にだけわかる交わりがあるのかもしれません。神様の目に愛すべき存在は、他の人にはわからないものだと思いました。

筆者の連想

この夢は、探究・発見・共有・共同作業・喜びといったことを感じさせ、夢４の迫害を乗り越えた成果といった感じもします。また聖人のおばあさんを助けるというのは、Ｍにとっては最高の喜びでしょう。だから続いて起こる具合の悪さは、表面上の意味では身体状態の悪化と見られますが、Ｍや魂のレベルではむしろ完成としての死であり、自然に回帰するということなのでしょう。自然なことなので、救急車といった人工的な道具などいらないということなのでしょう。迫害に負けない夢の後に続くこの夢は、信仰を堅持した彼女への神様からのクリスマス・プレゼントであったかもしれません。また、無意識の探究（海の底に潜る）の自然な結果かもしれません。ただ、ここで気になるのは、Ｍとおばあさんだけが神の恩寵《おんちょう》に満たされ、他の人にはわからないという点です。この点を考えると、まだ社会的自己が未成熟という感じがしなくもないです。また、「周りに理解されなくてもいい。私は神とともにあるからそれで十分だ」という自信は、夢の中でこそ実現されていますが、現実には身体症状や不安に振り回されていることで、その自信も不十分なような気がしますが如何なものでしょうか？　逆に言うと、現実世界で平安・満足がないので、夢が補償しているのかもしれません。

夢6　再生（心の誕生）の夢

回帰（死）の夢に続くのは、「再生もしくは心の誕生の夢」と言ってもいいと思われます。

「象のロボットは心が優しく何でも理解し、家族にとても大切にされています。ただ、この象のロボットも昔は心が幼くて、人の心を理解することができませんでした。

ある時、象のロボットの主人が、自分の子どもを事故で亡くして、とても悲しんでいました。しかし、象は言葉ではその悲しみは理解しても、心ではどうしてもわかりませんでした。それで、心を分けてもらいました。心をもらった象のロボットは、やがて心も成長し、いろいろなことがわかり、誰よりも心の痛みを理解できるロボットになりました。何でもできるだけでなく、心の優しさを持った象のロボットは、その家の子どもたちに心から慕われました」

本人の連想

心が穏やかになる印象を受けますし、特に象のロボットの成長が心に響きます。また、理解しても悟れない、心に入っていけない、わかっていてもわかっていない象の痛みと、わかった時の象の優しさが心に残ります。

ここからは、アダムとイブに命の息吹を吹き込んだ神様のこと、弟子たちに教えを導くイエス様のことが浮かびます。ロボットの象は、神様の御心を理解できず勝手な方向に行ってしまう人間たち、主人は彼らを愛おしいと思って、自分に似たものになるように心を与えてくださった神様のイメージです。

弟子を優しく根気強く導くイエス様も主人です。神様、イエス様は、人間を心から愛しておられること、神様が感じる心と同じ心を分けてくださるほど、人をいとしいと思ってくださると感じます。そして心の痛みを知った人は、痛みの分、優しさを知ることができると思います。

筆者の連想

筆者の連想を付け加えると、たぶんロボットはM自身です。つまりMの心の誕生・成長物語とも言えます。それでは何故Mにこの時期、こうした「誕生・成長の夢」がもたらされたのかということを考えてみます。

それはおそらく、ロボット的な自分（従順で自分の心や意志を持たない存在）から、心を持てる自分になりたい、という願望が強くなってきたのでしょう。それは「他者の痛みをわかってあげる優しい心を持ちたい」ということです。「主体性を持ち、適切に拒絶もできる意志の成長」に関して、この夢は何も触れていないようなので、これは今後の課題となります。

いずれにしろ、これは「回帰（死）の夢」に続く「誕生（再生）・成長の夢」ということで、彼女がどのように成長するかが注目されます。

夢7　悪との対峙・対抗の夢

続いては、「悪との対峙・対抗の夢」と言うべき夢です。

「不思議な図書館に一冊の絵本があります。失われた古代の言語で書かれていて、多くの人が手に入れようとしています。悪い人の手に渡ると、世の中が滅びてしまうような内容も書かれており、悪に利用しようとする人もその本を手に入れようとしています。しかし、悪に対抗することのできる方法も書かれており、誰の手に渡るかで世の中は変わってしまいます。

ある人がその絵本を手にしましたが、それを読んで古代の言葉を知ってしまうと現代の言葉はわからなくなってしまいます。他の人とうまく対話ができなくなってしまい、あの人は変わっていると言われるようになってしまいます。

でも悪と対抗するためにはその本は大切で、現代の言葉がわからなくなっても、読まなければならないのです。本人は迷っています」

本人の連想

アリストテレスを受け入れるか否かで、各修道会派で論争があったイメージが浮かびます。それを受け入れる人の心によって、善になったり悪になったりすることは多いと思われます。真理の探究を誰もがしていますが、その人の歩み方によってよい方向にも悪い方向にも進むようです。

一番印象に残るのは、絵本を手にしていた人が読むかどうか悩んでいるところです。学校グループの現状でも、新しい価値観と古い価値観があります。本質は同じだと思いますが、それをどう解釈するかで生き方が違ってくると思いました。これからの学校グループが、現代にどう向き合うかの課題があるように思えました。

こうした中で、精霊が何を語りかけているかを知るのは本人だけなので、他の人にはわからないと思ったとのことでした。

筆者の連想

確かに心は成長していく中で、優しさや善だけでなく悪をも知らねばならなくなります。また真理の探究を深く行うと、他の人とのズレも出てくる可能性があります。

この悪を知り悪と対決すること、他者とのズレをどうするかは、今後のMの課題であって、こうした探究・対決を通じて、今後いっそう成長していくのでしょう。

夢8　嫌な人に向き合う夢（四位一体の夢）

続いての夢も、成長過程の課題の一つを表すと思われます。

「年齢の違う四人の女の子が暮らしています。上の二人はしっかりしていて、三番目は私、四番目は意地悪をする子。四番目の女の子は管理人さんの前ではいい顔をしていますが、四人になった時は我儘で、特に私に対しては嫌がらせをしたり困らせたりします。

街に出かけると、ハンセン病の男の子がいて、食べる物がなくお店の物を勝手に取っていきます。その男の子に、四番目の女の子が意地悪をするのですが、その態度がとても嫌でした。

上の二人がその男の子と出会い、とても親切にして寮に連れて帰ります。その男の子が私に、手を出して握手します。私は心の中で嫌だなと思いながら、そんなふうに感じてしまう自分が嫌でした」

本人の連想

世の中の問題や課題などをイメージしますし、修道院もそうで聖人のような人もいれば、びっくりするほど困った人もいます。

四番目の女の子は、心からの愛に生きることができない人で、何となく自分を連想します。男の子は嫌われてしまい街の片隅に追いやられているので、物を取るよりしょうがないのでしょう。上の二人は聖人で、彼らは男の子を大切にします。男の子がどんな態度でも、神様が示すような慈しみを生きる人だと思います。

私もそのように生きたいと思っても、苦手な人に出会うと心からその人を愛することができません。その人のために神様は十字架に登られるほどの愛を示していると頭ではわかっていても、心の中では嫌だなと思います。四番目の女の子の気持ちはよくわかりませんが、男の子と同じなのかもしれないということでした。

筆者の連想

ここでは、聖人二人（二人で出てきている点は興味深い）、虐げられている男の子、意地悪な女の子、そしてそれらをまとめたり、それらと付き合っていく自我としての私が出てきます。だから、これら四種類の人々は、実際の外部にいる人かもしれないし、心の中の四要素かもしれません。成長するに従い、悪との対決だけではなく、虐げられて悪を犯さざるを得ない人とどう接し、どう救いに導いていくかという課題も重要になってきます。

Mは男の子との接触を嫌がり、そういうようにハンセン病の人との接触を嫌がる自分が嫌いだと責めています。したがって今後の課題は、「この嫌な気持ちとは何なのか」「そうしたことを嫌がるということの第二の嫌がりとは何か」に関して向かい合っていき、これらのことを探究すべきでしょう。

また意地悪な女の子に対しても、人は何故意地悪をしたくなるのか、神様は何故何の目的で私たちに「意地悪心」をお与えになったのかを究明していくことでしょう。

ただここは、四姉妹、四種の人物（聖人ペアー、私、意地悪な女の子、被虐待児）の四位一体や曼荼羅が出ていて、本人の治癒性や統合性を表しているように思います。

夢9　選択・決断の夢

嫌な人に向き合うという成長過程の夢の後、一つの分岐点とも言える次の重大な夢を見ます。

「教会でのミサの後、友人と出会います。彼女は教会を退会するとのことで、車に乗りませんでした。もう一人の修練で一緒だった友人も退会するということで、車に乗りませんでした。とても寂しい気持ちがしました。

その二人と、しばらくして出会います。退会の後、幸せそうにしている二人を見て安心します。よかった」

本人の連想

別の道もあることを教えてくれていると同時に、信仰生活を続けるかのどちらを選ぶかの選択と決断を示してくれているように思いました。教会に残ることは苦しいことも辛いこともありますが、幸せなことだと思います。

信仰生活という環境は、神様・イエス様が全てという生き方を支えてくれています。また自己の奉献が教会を通して受け入れてもらえます。今の日本の活動修道会では、事業所が大きくなり過ぎ、その一方で活動する信者たちが少なくなってきています。それで、ますます事業所をどうするかにウェイトがかかり、本来の霊的生活がおろそかになっているのが残念です。

教会の友人たちが退会した後、幸せにしているのを見てよかったと思います。この夢は、私に、何故別の道を選ばないのか、何故信仰生活を続けているのかと問いかけてくれていると思います。また自分の信仰召命の確認だと思う、とのことでした。

筆者の連想

この夢は、いろいろな試練の中で、結局は信仰生活を選ぶ決断をし、その選択を改めて喜べているものと思われ、一つの再確認でもあります。さらに教会を退会した人たちの幸せを喜べているのもいいです。

つまり「教会の生活もいいが、教会生活以外もいい」という大きな肯定感情があるからです。ただ、教会生活を続けたいが辞めたいという葛藤もここに表れていると思いますが、これはＭも言っているように、活動や事業中心の修道会のあり方にあると思います。

人間は欲求と煩悩の塊なのでしょう。放っておくと、どんどんと用事や仕事を増やしていきます。ここをどうするかは難しいことです。さらに難しいのは、「教育や福祉などの日常の仕事にこそ霊的生活があるのでは？」という問いに、M自身はどう答えるつもりなのでしょうか？

夢10　悪との対決の夢

さて夢の中で教会生活を続ける決心をしたMに、また夢は試練を与えます。

「マザー・テレサが出てきます。ある都市で、まるで死んだようになり性格も変わってしまう病気が流行ります。その病気はどんどん増えるので、病気の人との接触を避ける以外に助かる道はありません。しかしマザー・テレサだけが、一生懸命お世話をします。彼女の活動に賛同した人たちだけが、町に残り助けようと協力します。まずは、病気でない人をそこから脱出させます。

病気になった人たちは、とても凶暴になっていて襲い掛かってくるので、逃がすのは大変です。その病人に襲われると、傷から感染します。マザー・テレサは、病人の傷口に直接触れることにしました。すると、その人たちは治っていきます。

まずは、襲われてすぐの人の傷口を洗い、感染から守るように助けていきました。少しずつ、マザー・テレサの活動に賛同する人たちが増えてきました。その人たちの協力もあって、感染しても発病する前の人から助けていきます。その後、病気になった人も助けると、少しずつ正気に戻っていきます。

ある時、病気でない人たちが、自分たちだけが助かればいいと思うようになり、治った人を町に受け入れることを拒み始めました。すると、今度は病気でなかった人たちの間で、同じ病気が流行り始めました。自分たちだけが助かりたいと思う人たちは、町にマザー・テレサを入れないようにします。マザー・テレサは病人のそばに残り、命がけでその人たちと係わっていきます。

少しずつ治り、正気に返る人たちが増えてきました。マザー・テレサを拒んだ町の人たちの間に病気が流行るようになり、彼女を受け入れた人と病気の人の町が助かりました」

本人の連想

混乱、恐怖、究極の状態で何を選ぶかが問われているように思われます。どの道が本当の幸せなのか、最後までわからないのかもしれません。

でも、マザー・テレサが病人のそばに残るところは、一番印象に残ります。マザー・テレサはキリストで、私も彼女のような生き方ができたらなと思います。聖人はさまざまな形で神様のみ旨を生きキリストの愛を示した人たちなので、一番共感しやすい聖人は、私がもっとも心の中で大切にしたいと思っている神様の一面だと思います。

病人のことに関して言うと、他者を傷つけてしまう人ほど、愛を必要としている人だと思います。傷つけられることは恐ろしくて痛いことですが、そこから逃げ出すのではなくて、その人の病とともにとどまって、愛を注ぐことが必要です。この病は、人を傷つけてしまう世の中の歪みです。その歪みによって、さらに傷ついた人の心の痛みです。

傷つけられるのを恐れるあまり心を閉ざして、その人との係わりを絶ってしまうのは、利己的な人たちのことなのでしょう。このように拒絶的になる人の気持ちはよくわかるけれど、自分はそうしたくはないと心では望んでいると思います。でも傷つけられることをあえて恐れない強い優しさはなかなか持てないので、そんな自分の貧しさと葛藤しているということでした。

筆者の連想

この夢は、先の夢（嫌な人に向き合う夢）に似ているようです。つまりマザー・テレサ（聖人）、病人（凶暴な人）、賛同して助ける人、利己的な人の四種類の人間が登場している点です。これは現実の人々なのと同時に、M自身の心の部分をも表すのでしょう。

この四者構造は、治療、特に心の病の治療において特徴的に表れると思われます。すなわち治療者、患者、助手（治療者の）、拒絶的な人といったことでしょう。ここでも四者構造、マンダラ構造が現れているのは興味深いです。

またここでの凶暴な人とは、反抗する生徒をはじめとする彼女にとって苦手な人たちです。やはり、こういう人とどう向き合うかが課題となるのでしょう。

夢11　健忘の夢

このように、悪と対決し、嫌なことに向き合い、教会生活の決断をし、困難な癒しの道を実践しようとするMは、さすがに疲れてくると思われますが、その時見た夢が健忘の夢です。

「人生の中で辛い体験ばかりしている人がいました。暴力を振るわれたり、裏切られたりしています。ひどい言葉もかけられることもあります。

しかしその人は辛い状況に遭うと、その時の記憶はきれいに忘れてしまいます。あまりに辛い時は、その人のわからないところで助けられていたことに気づきます」

本人の連想

神様は試練を与えると同時に、逃れの道も備えてくださいます。人生は辛い体験ばかりではなく、神様の慈しみを体験するものでもあります。忘れるとは、浄化ということでしょう。

私は、教会生活をしていく中で、霊的生活を中心にしたいけれど、それを妨げるような圧迫から逃れたいです。若いシスターが目の前にいなければ自分で何かするけれど、そばにいると頼ってしまいます。自分には、小さな手伝いから大きな責任まで、たくさんの重荷が降ってくるような気がして、その重荷から助けられたいです。

筆者の連想

記憶は、人生を振り返る時の足跡のようであり、先へ進む時の道標ともなり大事なものですが、忘れるということも同じくらい重要なことなのでしょう。ここでの健忘・解離は一見病的なように見られていますが、人間の生活にとって必要なことです。

試練と辛い体験ばかりが続くMが、こうした救いや浄化の夢を見ても自然です。解離・健忘が病的とされるのは、必要なことまで忘れるからですが、何が必要で何が不必要かは、相当に難しい問題です。

教会の生活における苦しさも、常に重大な問題のようです。Mは苦しさが増した時、実際に二年後に解離・健忘・自傷行為が出ました。ただこれは、M本人を救うために出た現象だという視点を持っていたため、症状はまもなく消失しMは立ち直りました。夢はこのように先取りして、夢見手を守っているのかもしれません。

いずれにせよ、健忘は健康的側面を持っています。

夢12　蝶（神様の愛）の夢

この辛さと記憶喪失の夢の後、今度は生命力と幸福に満ちたとてもきれいな夢が出てきます。

「南の島に行きました。海がきれいで自然が豊かで花も美しく、きれいな蝶も飛んでいます。青くて美しく光っている蝶が、緑の葉の上にいます。

母が手を差し出すと掌に三匹の蝶が乗り、きれいな青い羽根を広げました」

本人の連想

神はともにおられるということを忘れないように、と言ってくれていると思います。心地のよい夢で、この世における神の国やエデンの園を考えさせてくれます。母は身体は弱いですが、芯のしっかりした人で信仰の人です。今回も家に帰った時、暖かく受け入れてくれました。

蝶は三位一体の神様で、美しく空を飛びますが、求める時にはそばにいてくれます。この世に人となられた神です。この夢は、神様の愛の交わりにいつも招かれていることを連想させます。

筆者の連想

これは長い試練の辛さを忘却した後に出てきた夢で、確かに愛と暖かさ・伸びやかさ、幸せ・希望を感じさせます。夢は不思議なものでちゃんと帳尻を合わせてくれます（補償）。また、母が助けてくれているのも嬉しい感じがあります。

⑦M事例のこれまでの整理

夢はまことに不思議で、神秘に満ちています。同時に人間を変容させ、治癒に導く力を持っています。どんな点か、思いつくままに挙げてみます。

- **夢は心の闇を照らす**…心の闇との対決・付き合いを可能にする。
- **夢は表現する**
- **夢は心の整理を助ける**…過去も未来も整理して、方向性を指し示す。夢1である。
- **夢は課題を指し示す**
- **夢は感情発散を助ける**…カタルシス（浄化）は、癒しに通じる。怒りや依存性など、日頃抑えつけているものが表面に発散される。夢2などに見られる。
- **夢は知らせてくれる**…予知や警告や展望といったこと。夢は神のメッセージである。
- **夢は生命力を引き出してくれる**…夢により、生きているという実感を持てる場合がある。

◆**夢は楽しさや生きる喜びをもたらしてくれる**…夢12が典型的。

◆**夢は勉強になり知識を増やしてくれる**…単に象徴だけではなく、森羅万象にまつわる知識・智慧である。

◆**夢は美に目覚めさせてくれる**…Mの場合は、特に美しい夢なのでそれが言える。

◆**夢は行動させてくれる**…日頃できないことをさせてくれ、行きたいところへ行かせてくれる。

◆**夢は許してくれる**…夢により罪悪感が減ることがある。

◆**夢は想像力と自由性を増してくれる**…心の病とは、「想像力と自由性」の欠如である。

◆**夢は創造の源泉である**…多くの芸術作品が、夢によりもたらされている。幾つかの科学上の発見・発明も夢の助けによっている。

◆**夢は神聖である**…夢は、神聖な遺跡のようなものである。大事に取り扱う必要があり、大事に保存することが重要である。遺跡はアクティヴ・イマジネーションの出発点でもある。

◆**夢は第二の人生である**…ひょっとしたら第一かもしれない。

◆**夢は守ってくれる**…たとえ夢が秘密を暴いたとしても、それは夢見手を助けるためである。夢11がそれである。

◆**夢は進化する**…同様に夢は人間の成長・発展を助けてくれる。

◆**夢は空であり、大円鏡智（すべてをありのままに映す智慧）でもある**

◆**夢は「神性への突破」である**

まだまだ挙げれば切りがありませんが、この辺にしておきます。

しかし夢は、火や水と同じように素晴らしいと同時に、使い方・付き合い方を誤ると、とんでもないことになります。

ただ、Ｍは夢と真摯に向き合い、四年間で大きな仕事をしたと思われます。彼女の夢は、その真実性・想像力・物語性・美しさ・深さ・広さ・神秘性・劇的要素などおよそ人を感動させるものに満ちています。願わくば彼女の夢を出発点に、豊かに生きていきたいものです。

⑧事例の今後と夢の共有

確かに彼女は、現在相当に癒されてはいますが、まだ途上です。

教会生活と現実、聖と俗、教師活動と事業所の仕事、校長や先輩との関係、無理なことを頼まれた時の対処、自分の身体の声に正確に耳を傾けられるかどうか、自分の身体症状とどう付き合うか、できることとできないことの区別、適切な拒絶能力を身に付ける、拒否的な人・異端の人・無神論の人への対処の仕方、将来の進路など、かなりの課題が残っています。

これをどうしていくかは、今後を見ていく必要があります。

彼女は、自分の夢の内容を筆者らの私的研究会で発表してくれました。参加したメンバーの多くが感動したようで、またM自身も参加できたことを喜んでいました。このように、夢を集団で共有することも、双方にとって恵みの深いことだと感じられました。今後とも患者・当事者が参加した事例検討会ができることを祈っています。

第4章

夢利用（役立つ夢占い）のために

1 夢占いの本

時代が現代に移っても、夢占いは相当盛んなようです。その証拠に大きな書店に行けば、必ず夢占いに関する本のコーナーがあり、夢占いに関する本が山のように積まれていますし、いつも人だかりができています。

それらの夢占いに関する多くの本を紐といてみると、一口に夢占いと言っても、夢占いのやり方、様相、目的などがさまざまであることがわかってきます。そこでまずは、現在出回っている夢占いに関する本を資料にしながら、それらの夢占いを概観し、可能ならばそれらを幾つかに整理してみたいと思います。

資料として参考にしたもので、日本人の書いた夢占いに関する本としては、次のようなものが挙げられます。

『自分さがしの夢占い』（藤田真理）、『深層心理　夢占い』（白井小夜子）、『ルネの夢解き事典』（ルネ・ヴァン・ダール・ワタナベ）、『梶原まさゆめの夢占い』（梶原まさゆめ）、『ズバリ的中　夢占い事典』（武藤安隆）といったところです。

続いて、外国の夢占いに関する本を挙げます。

『夢のカルテ』（ジリアン・ホロウェイ他）、『エドガー・ケイシーの夢解釈の本』（ヒュー・リン・ケイシー他）、『夢事典』（トム・チェトウィンド他）、『最新夢辞典』（トニー・クリスプ他）、『ドリーム・ブック「夢」のシンボル辞典』（ベティ・ベサーズ他）、『夢判断入門』（マーク・サーストン他）、といったところです。

とりあえずこれらを参考にしながら、現代の夢占いの流れを読み解いていきましょう。

1　夢占い師や夢解読をする人の夢に対する見解

これらの書物には、何が書かれているのか？　夢占い師たちは、夢をどのように考えているのか？　という点を調べていきます。

まず、これらの夢占いの本は、ほとんどのものが二部構成になっています。

前半が夢一般についての著者の考え方、そして後半は、夢辞典（夢事典、夢の象徴・シンボル事典）となっています。

現代の夢占い師は夢をどう考えているのかということですが、ほとんどの著者は、次のように夢は素晴らしい貴重なものと考えています。

◆夢は、はかりしれないほどの収穫をもたらしてくれる。

◆夢はキラキラ輝く宝石になるし、無尽蔵の宝の山とも言える。

2　夢のもたらすもの、夢が大事である根拠

①夢は潜在意識からのメッセージ

現代ではやはり、フロイトや精神分析の影響で、夢と無意識・潜在意識、深層心理と結びつけて考える夢占い師（夢解き師、夢判断家）が多くなってきます。

潜在意識は、記憶の万能選手（あらゆることを記録する阿頼耶識《あらやしき》のようなもの）と言えます。表層の意識がキャッチできなかった全ての情報を捕らえています。それを正確に引き出せるかどうかは、私たちにかかっています。

潜在意識は、未来を見通す力を持っています。未来は過去や現在の結果であり、潜在意識に蓄えられた情報は、未来の方向性を形成します。歴史を学ぶのは、単なる懐古趣味ではなく、よりよく未来を生きるためでもあります。治療するに当たって、生育史やそれまでの歴史を聴くのも、よりよい治療のためです。

潜在意識は、生存本能とも密接に結びついており、健康状態に関するさまざまな情報を正確にキャッチしています。

潜在意識のメッセージは、夢として未来や健康状態に関する情報を知らせてくれます。夢とうまく付き合えば、健康に役立つでしょう。こちらが、夢を尊重している限りは、夢はその人の味方であり、協力者であり、ガイド役であり、厳しく温かい師匠とも言えます。大げさに言えば、

魂の導き手（プシュコポンポス）ということでしょう。

したがって、夢は自分の気づいていない側面を表していると言えます。それは、もう一人の自分、分身としての自分、それまで閉じ込めていた自分、気づきたくない自分、向き合うのを避けてきた自分、劣等だと思っていた自分、逆に思ってもみなかった自分のよい部分・才能・潜在能力といったものに気づかせてくれるかもしれません。夢は、普段一部分しか見ていなかった「心全体の反映」であるかもしれません。

同様に、夢により、病気や痛みや苦しみの原因がわかることもあります。その原因は、たいていは大変恐ろしく、夢見手の意識や自我が立ち向かえないものなので、夢がそっと教えに来てくれているのでしょう。

恐ろしいこととは逆に、自分の優れている部分や可能性を示している場合もあります。まったく人から好かれていないと思っていた青年が、夢の中で女性から褒められていて、それで自信を回復し実際に異性との交際が可能になった例もあります。

また、夢の中で怒ることができた女性が、その後、自己主張できるようになった例もあります。これは前章の臨床例を見ればよくわかります。

また、性格・態度や生き方についての忠告もしてくれます。自信満々で生きてきた人が夢を見て謙虚になることの重要さを教えられたり、逆に内向的な人がもっと積極的に人と付き合うよう、励まされる場合もあります。

同じようなことですが、日頃の日常の意識・認知が、修正・訂正される場合があります。夢の中に日頃、嫌っていたり軽蔑したりしている人が、優れた素晴らしい人として出てくる場合もあります。そういうことにかかわらず、夢を見ることは、日頃の自分の認識を訂正できるまたとない機会です。

事故や病気やよくないことを、はっきり警告している夢もあります。夢のおかげで災難を免れた人の話はよく聞きます。

まだまだあるでしょうが、要するに気づきを増やす・助けてくれるものだというのが、多くの夢占い師の一致した意見です。

②神・霊からのメッセージ

夢を潜在意識からのメッセージとだけ考えずに（心理学的な観点からだけではなく）、純粋に神や霊・魂からのメッセージと考える夢占い師もいます。この場合は、心理学的に解釈したりといったことをせずに、比較的簡潔に「吉凶」を知らせてくれるようです。

神や霊魂が存在するかどうかは別にして、筆者には夢だけでなく無意識や潜在意識は、神からのお告げのように思えて仕方がありません。

③吉は凶であり、凶は吉である

筆者は吉夢だけではなく凶夢も大事にしたいと考えています。凶夢が、事故や災難、病気や怪我、企ての失敗、不和、喪失などを告げていた場合でも、落胆するだけではなく、それを冷静に受け止め、自分なりに最悪の結果をましにできる可能性を探りながら、適切な対応をして不適切な対応は控えたいものです。

また、避けがたい不幸や災難は、それを受け入れるようにしたいものです。凡夫中の凡夫でありながら、煩悩だけは人一倍強い筆者には到底不可能な話かもしれませんが、一歩でもそういう心境に近づきたいものです。

反対に吉夢が出ても喜ぶだけではなく、物事の道理をわきまえ、自分のできないところまではしないようにしたいし、自分なりに吉夢の結果を考えていきたいものです。そして吉夢が実現して、何か幸運が舞い込んだとしても、やはり慎重に対処したいと思っています。

④神意、吉凶の判断はやはり大事

ある夢判断の本に「蛇に咬まれる夢」が吉夢であり、実際に宝くじに当たったということが紹介されていました。しかし、もしそういう形で大金が入ったおかげで、その人の生き方が大層派手になり、結局身を持ち崩して不幸や貧乏のどん底に沈んだとしたら（これは仮定の話ではなく実際によくあること）、結局その夢は大凶夢ということにならないでしょうか。つまり、夢には吉凶の区別はなくなるのではないでしょうか。

こう考えると、ある夢を吉夢にするのも凶夢にするのも、その人しだいだという考え方も成り立ちます。筆者は、あらゆる夢は吉夢にもなり得るし（凶夢が出ても、それに対する対策を十分にしていれば災難を最小限にしてくれることを知らせてくれた吉夢となる）、凶夢にもなり得る（夢のお告げにさからったり、吉夢から得られた現生の幸福を正しく使えなかったなら、どんな吉夢も凶夢になる）と思います。

これは、夢に限らず易や四柱推命といった一般的な占いでも、同じことが言えるのではないでしょうか。

すなわち、吉は凶であり（吉は凶の部分を含み）、凶は吉である（凶は吉の部分を含む）ということです。

そうすると、吉凶の区別がいらないということになってきそうですが、そんなことはありません。やはり夢の神意はとても大事で、吉が出た時は予定通りことを運んでいいし、あるいはもう少し積極的に打って出てもいいかもしれません。凶夢が出た時は、自己や自己を取り巻く全体を見直してみる必要があるということです。神意の意味は、それはそれなりに尊重すべきだと思われます。

⑤その他の夢の効用

その他、夢の素晴らしい点として、いろいろなことが考えられます。

まず、見ている時はリラックスして昼間の緊張から解き放たれている、夢が判断に迷う時の参考意見になる、心の病の治療に使える、夢療法が有効、夢を見ることそれ自体が心と身体を治療する働きを持つなどが考えられます。

有益な相談相手、神秘的な力・不思議な力をもらえる、死と再生を体験できる、アカシックレコード（エドガー・ケイシーの言う全ての意識・記憶の集合体）にアクセスできる、魂との対話である、自信・勇気を与える、コンプレックスの克服になる、無意識の観察力を高める結果全体としての観察力も高まる（通常の意識が見逃している点を無意識は見逃さない。そして大事なことを夢で知らせる）、隠れた内臓でもある（通常の感覚が感知できない身体の不調・病気の予兆をキャッチする）などが挙げられています。

　また夢によって運が開ける、コミュニケーションを豊かにし対人関係を楽しいものにする、悪運を悪夢によって出させて悪夢祓いによって悪運まで退散させる、心性の発現であり完全な個性の表現である、インナースペースを旅できる、想像力・創造力の開発・訓練になる、シンボル・象徴・神話・おとぎ話などの世界に開かれそれらの知識が豊かになる、見失われたもう一つの体験であり、夢見によってそれを統合できるなども記されています。

　夢はスピリチュアル・ワールドの風景や守護霊のメッセージを届けてくれ、自己を内観するきっかけになる、意外な真実の発見になる、夢で全てがわかる、幸せへのパスポート、夢でバイオリズムや運気を知ることができる、目に見えない魂の交通機関、夢は精神感応力を持つ、夢により遠くの出来事を知ることができる、夢は心の健康の安全弁（夢見により、抑圧された無意識の感情を処理している）ということも挙げられています。

　似たような事柄が多いですが、いずれにせよ多くの夢占い師が、夢に「有益な気づき」の意味を込めていることがわかります。

2 夢占い（夢解釈、夢判断）の仕方

先ほど夢を宝石にたとえましたが、夢は原石のようなものなので、研《みが》かれていなければ、ただの石ころに過ぎなくなります。

すなわち、何度も繰り返すように、夢は正しい夢占いをして初めて活きてくるのです。

1 正しい夢占いとは？

では、正しい夢占いとは何を指すのか？　正直言って、筆者は答えを持っていません。あえて言えば、真実・事実に合致し、夢見手が納得し、夢見手に有益となるような夢判断が、「正しい」夢占いと言えるのではないでしょうか。

そうは言っても、真実とは何か？　何を持って納得と言うのか？　有益とは何か？　と考え出すとわからなくなってきます。本書を書き進めながら、考えていくことにします。

2 夢を見る方法、夢の思い出し方

ただ夢占いと言っても、肝心の夢を見ないことには仕方がありません。世間には「夢なぞまったく見ない」と言う人も多くいます。これには別に反論する気はありませんが、筆者の経験によれば、夢は誰もが必ず見ています。だから夢を見ないというのは、「夢を思い出さない」ということなのです。

しからば、どうやって夢を思い出せばいいのかということになります。詳しくは別のところで述べますが、要は、夢に関心を持つことです。夢に関心を持つとは、心に関心を持つことです。しかし、忙しい現代人は、無理して夢に関心を持つ必要はありません。夢占いを必要とする人だけが、夢に関心を持てばいいからです。

またレム睡眠の時に、夢をよく見るということから、レム睡眠を妨げる睡眠薬やアルコールの摂取を控えた方がいい、という意見があります。確かにある程度それは言えますが、少量の睡眠導入剤やワインでかえってぐっすり寝て、夢をよく見るようになったという場合もあるので、一概には言えません。

3　夢の記録の仕方

夢はすぐ逃げて行ってしまうので、捕らえたり思い出したりするのは、とても難しいものです。そこで、いろいろな方法が考えられています。

①ノートとペンを用意

まず有力な手段としては、枕元にノートとペンを用意しておくことです。

②ゆっくり思い出す

それから夢を見たという自覚があったら、すぐに動かずに、ゆっくりその夢を思い出すようにした方がいいです。最初は、断片しか思い出せませんが、次第に全体像が明らかになってきます。心の中でそれらを反芻して、言葉にできるようになったり一連の物語になれば、記録するといいでしょう。

③思い出しやすいものから順番に思い出せばいい

どうしても断片しか思い出せない場合は、思い浮かんだまま書いていくといいでしょう。別にうまく書こうと思ったり、順序立てて書こうと思う必要はありません。

時にこれは実際に夢で見たものなのか、後で自分が付け加えたり、創作したものなのかわからなくなる時がありますが、この時もどんどん書いていった方がいいです。

その際、はっきり夢の中で見た映像、後で付け加えた連想、そのどちらかわからない、という三つを区別しておくことは、しないよりは夢のメッセージを正確に把握しやすくなります。これも慣れてくると、三つの区別がしやすくなります。

④連想・印象・意味の記録

それから、夢に関する自分の印象・感想・イメージ・連想なども、付け加えておくといいでしょう。さらに、一番印象に残るところはどこかも記しておきます。

可能ならば、その夢の意味するものなども書いておくといいでしょう。

⑤夢を思い出すテクニック

先に挙げたマーク・サーストンは、『夢判断入門』の中で、夢を思い出す十二のテクニックについて以下のように述べています。

「【就寝前や就寝中に実行すること】
◆夢に取り組む理由、目的を書き留めておく
◆就寝前に夢の本を読んだり、夢の研究をする
◆そばにペンとノートを置いておく
◆睡眠中に夢を思い出せるよう暗示をかける
◆睡眠時間をたっぷり取れるようにする
◆夜中に目を覚ました時、夢を記録しておこうと意識しておく
【朝、目覚めた時に実行すること】
◆朝、二、三分、ベッドの中でじっとしている
◆夢のテーマが何かを知るために簡単な一覧表を作る
◆夢の最後しか思い出せない場合、夢を後ろから追体験する
◆夢を見なかった場合でも、その朝の気分など何かを書き留めておく
◆もっと積極的に祈ったり、瞑想したりする
◆友人たちに夢を話したりする」

といったものですが、全体的に見ると夢に関心を持っておくことの重要さを述べています。筆者は夢を思い出す時に、「何故わざわざ、この時期に、この自分に、こうした姿で夢が登場してくるのか」という問題意識を持ちますが、そうすると細部まで思い出しやすいです。

4 夢に関する連想を引き出す方法

①夢に関する連想は困難

先ほど、夢に関する連想を書き留めるのが大事だと言いました。これは多くの夢占い師が述べていることですが、夢を正しく記録するだけでなく、その夢に対する連想も大事です。

結論を先取りしますが、筆者には、夢を正しく活用したり有効な夢占いをするためには、「夢の正しい記録」「夢見手の夢に関する連想」「夢占い師のその夢に関する連想・解釈・判断」「二人の話し合い」「結果の検証」などが重要な基本要素になるように思われます。

そこで、夢に関する連想が、夢の記録に続いて大事となってきます。ここで困るのは、「夢なぞ見ません」「全然覚えていません」「見たような気はしますがほとんど思い出せません」「亡くなった母が出てきているようですが、それ以外は何も思い出せません」という人が多いのと同じくらいに、ある夢に関する連想を聞いても「まったく何も浮かんできません」「不思議です。何故、こんな夢を見たのかさっぱりわかりません」「夢に関する連想と言われてもとても無理です」と言う人が圧倒的に多いことです。

つまり夢は、思い出すのも記録するのも、連想するのも難しいものです。フロイトは「夢は無意識に至るための王道である」と言いましたが、王道とは「一番厳しい道」かもしれません。

②夢に関する連想を助けるもの

ただ、嬉しいことに夢の連想を助けるために、多くの夢占い師は、夢に関する連想を引き出すための技と術をいろいろ教えてくれています。

例えば、夢の大家パトリシア・ガーフィールドは、「追いかけられる」というような夢を見た時、以下のことを思い出すように勧めています。

追いかけて襲ってきたもの（X）は誰または何か?↓その姿形は?↓Xの大きさは?↓Xの色は?↓Xの目立った特徴（奇妙な髪形、顔、衣装など）は?↓Xは誰を思い出させるか?↓同じような特徴を持った人、もしくは物は?↓夢の中で何が起きたか?↓夢の結末は?

といったものです。確かにこういうような順序でやれば、追いかけられる夢に関する連想を引き出しやすいですが、それでも無理な場合があります。その場合は、今度追いかけられる夢が出てきたら、こういうことに注目しておこうと思うだけでいいのです。

③夢に関する連想力の高まりは、夢の想起や記録能力を高める

ここで大事なことは、夢に関する連想が豊かになってくると、夢に対する関心が高まるといった要因もあり、夢を思い出したり記録することが、より正確に精密に深くできるようになることです。つまり「想起」「記録」「連想」といった三要素が、相互に強化されるようになるのです。

④自分なりの連想も大事にすること

今、パトリシア・ガーフィールドの連想を引用しましたが、読者はこれだけでなく、もっと自由に連想を広げていいでしょう。筆者なら、先に挙げた連想以外に、

何故、自分は追いかけられるのか？↓Xの目的は何か？↓追いかけられることのデメリット・危険は？↓捕まったら何をされることを恐れているのか？↓追いかけられることのメリットもあるのでは？↓あるとすれば、それは何か？↓追跡とは、襲撃とは、それらは何を意味するのか？↓今、自分は、現実の生活で何かに追われているか？

といった連想をするかもしれません。

この連想力は治療でもカウンセリングでも大事で、連想が豊富になるほど治療が進み、危機解決の方向に向きやすいということを経験しています。

⑤夢の次元の理解（対立の次元）

夢に関する連想を豊富にするには、夢に関する多くの本を読んで、夢に関する知識を身につけることが大事ですが、その一つとして、ロザリンド・カートライト（ロジャーズの弟子でもある）の言う「夢の次元」を紹介します。彼女は「夢の意味を探る時は、必ず対立する次元を探るべきである」と述べ、夢の次元というものを提唱しています。

夢の次元とは、夢の根源的テーマ（「私は今、何を感じているのか？　何に注意を払わねばならないのか」といったことで、夢と覚醒時の生活を結びつける基本的テーマでもある）を表現するために用いられ

るものです。私たちは、夢の次元（自分の体験を定義し、カテゴリーに分類するために行う区別と言ってもいい）を使うことで、夢のストーリーを作り上げているとも言えます。夢の次元だけでなく一般的に次元（ものの見方や考え方の立場。考えや意見の支えとなる思想や学識などの水準）は、対立する状態や性質を反映し、自分の生きている世界を構成する独自の習慣的方法となっています。

私たちは、幼い時から、評価や区別を行いながら生きていて、徐々に自分の次元といったものを作り上げてきていますが、その次元はたいていは対立を伴った次元です。

ちなみに、ロザリンド・カートライトは、次のような夢の次元（対立の次元）を挙げています。「安全・危険、無力・有能、プライド・恥、積極性・受動性、親密・距離、自立・依存、信頼・不信、男性・女性、真実・虚偽、抵抗・服従、老・若」といったものです。

これ以外に、陰陽、生死、内向・外向、思考・感情、感覚・直観、精密・粗い、満足・不満、元気・疲労、希望・絶望、治癒・不治、容易・困難などいろいろな次元があります。

大事なことは、自分自身の次元や、自分にとって大事な次元が何であるかを見つけていくことだと思えます。ただ、はっきり言えることは、こうした次元に馴染んでいると、そうでないよりは、夢を思い出しやすいし、また連想も容易になるということです。しかし、いつも二項対立で考える分別智より、さらにそれを超えた無分別智も大事なことは言うまでもありません。

⑥普遍夢における二項対立

夢の次元（対立の次元）が出てきたついでと言っては何ですが、パトリシア・ガーフィールドは、対立を伴った十二の普遍夢を紹介しているので、それを見ていきます。これも夢を思い出し、連想する時に大いに助けになると思われます。

「①追いかけられる夢（脅威にさらされているという感覚）　対　抱きかかえられる夢（何かに結びつきたいという願望）

②怪我、病気、死の夢（感情的に傷ついている、ダメージを受け混乱）　対　癒される夢、生まれる夢、生まれ変わる夢（希望、生き返り、何かの始まり）

③乗り物トラブルの夢（コントロール・ブレーキがきかない、前進困難）　対　乗り物を楽しむ夢（うまくいっている、パワーとエネルギーがある）

④資産を失う夢（傷ついた、物が壊れた、自己同一性が脅かされている）　対　資産が増える夢（よい方向、体調回復、妊娠、精神的高揚、修復、余裕）

⑤テストや何かで失敗する夢（試練、準備不足、合格困難、間違った役割）　対　テストやパフォーマンスで成功する夢（準備万端、自信満々）

⑥落ちる夢（不安、援助者不在、基礎不安定、圧倒されている、重荷）　対　飛ぶ夢、泳ぐ夢、踊る夢（素晴らしい、無限の可能性がある、自由）

⑦人前で裸になる夢、変な格好をする夢（さらし者、露呈し過ぎ、身を守れない）　対　ドレスアップする夢（自信、自分は魅力的、自分の肉体は美しい）

⑧交通機関に乗り遅れる夢（好機を逸した、遅過ぎた、必要なものがない）　対　楽しい旅行の夢（うま

くいっている、うまく連絡が取れている、好機）
⑨機械が故障する夢（つながらない、相手をうまく捕まえられない）　対　機械がスムーズに動く夢（コミュニケーションがうまくいっている）
⑩天災の夢、人災の夢（徹底的な破壊、生き延びるのが困難、大混乱）　対　美の夢、奇跡の夢（恍惚とした気分、自分は貴重な存在の一部）
⑪迷う夢、捕まる夢（困惑、逃げられない、身体が動かない）　対　新天地を見つける夢（素晴らしい、すごい、展望が開ける、自由）
⑫霊にとりつかれる夢（不安、罪責感、後悔）　対　霊に導かれる夢（私は大丈夫、さようなら、いつも愛しているよ）」

といったようなものです。括弧の中は各々の普遍夢の意味ですが、ごく一部に過ぎないので、詳しくは、直接パトリシア・ガーフィールドの著書『夢でわかる本当のあなた』（角川書店）を参照するのが望ましいでしょう。

なお、普遍夢はこれだけではなく、多くのものがあるので、読者は自分や自分の周りの人の普遍夢はどんなものかを注目しておくと役に立つでしょう。

⑦夢解釈のための十六問

ユージン・ジェンドリンは『体験過程と心理療法』の中で、患者の夢を解釈するに当たって、まず最初に聞く問いを十六ほど挙げています。これはもちろん自分に問うてもいいものです。

「**【連想を導く三つの方法】**
①何か心に浮かんできますか？　②どんな感じがしますか？　③昨日のことは？
【物語を作る三つの要素】
①場所は？　②夢のあらすじは？　③登場人物は？
【登場人物と係わる三つの方法】
①それはあなたの中のどの部分ですか？　②その人になってみると？　③夢の続きは？
【暗号を解読する三つの方法】
①象徴は？　②身体的なアナロジーは？　③事実に反するものは？
【成長における四つの次元】
①子供の頃のことは？　②人格的な成長は？　③性に関しては？　④霊に関しては？」

これはあくまでジェンドリンが考えた早見表なので、読者は自分なりの質問早見表を作っておくと、記録や連想の助けになります。またたとえ夢を見なくても、そうした質問が身体になじみ身体や脳の一部になれば、自己発見・自己成長を促進してくれるでしょう。

5　夢占いの目的・夢見手の状況を知る

正しい夢占いに至るには、夢占いの目的が明確であった方がいいです。

①夢占いの目的

夢占いをする前に、その目的を聞くのが普通ですが、たいていは「何となくこの夢が気になって、この夢の意味を知りたい」というものです。それはそれでいいのですが、もう一歩突っ込んで「どういう点でこの夢の意味を知りたいのでしょうか」とか、「夢の意味を知ってどうなりたいですか？　夢の意味を知ることで、どんな役に立ちそうですか？」と聞いてみるのもいいです。

そうすると「今、こういう問題を抱えている。どうしたらいいかわからないので夢に助けを求めたい」という答えや、「自分のもう一つの側面を知りたい」「自分の本音を知りたい」といった答えが返ってくることが多いです。このように夢占いの目的が明確な方が、焦点が絞りやすく深いところまでいけそうだからです。

しかし、中には「何となく」とか、「別に目的はないですが、ただ占ってほしいだけです」という場合もあります。それはそれで無理強いしなくていいでしょう。その「何となく」という答えを尊重し、それ以上は追及しない方がいいのです。

実は、目的があるのにそれを言いたくないだけかもしれないし、実際、目的がはっきりしていない場合もあります。それは、どちらでもいいのです。大事なことは、夢占い師にとって、夢見手の夢占いの目的が明確か、現在のところは不明確かがわかるだけで十分です。

②夢見手の状況

目的以上に大事なのは、夢見手の状況です。

夢見手が抱かえている問題は何か、夢見手の直面している困難とは、夢見手は何を望んでいるか、何を恐れているか、夢見手の問題や困難の内容・原因は、それらは如何にして発生したのか、夢見手の人柄・職業・地位・役割は、夢見手の性格や対人関係は、人や世界に接する時の態度は、そうした性格・対人関係様式は如何にして発生したか、夢見手のこれまでの歴史は、夢見手の家庭生活は、二十四時間をどう過ごしているか、交友関係、恋愛体験、職業体験、病気の有無、生まれてきたことを喜べているかどうか、今後の最良の人生と最悪の人生とは、といったことなどを知っている方が夢見手の夢の意味を解読しやすいです。

というのは、夢の意味は人によってさまざまに解釈できるからで、夢の意味を正確に知ろうとするなら、夢見手のことを詳しく知っておいた方がいいのです。ただ、右記のようなことは霊感能力があったり夢を見たらわかることでは？　と言う人がいるかもしれないし、夢見手が嘘をついていたらどうするのかという問題などが出てくると思いますが、それは後で考えましょう。

③夢占い師の条件

以上のようなことは、個人の秘密に係わることが多く、夢占い師には、高い倫理性が要求されるように思います。すなわち「秘密の保持」「相手の幸せを願う」「夢やその他から得られた情報は、夢見手の役に立つように使う」「金銭の負担を多くかけないようにする」といったことです。

しかし、夢占い師の条件がどんなものであるのか、まだ筆者もはっきりと認識できているわけではないので、これも後で議論することにします。

第5章

象徴と自己実現（他者実現）

1 象徴の問題は複雑で重要

1 象徴の複雑さ

さて、夢に関する記録、連想、夢見手の状況がわかったとして、いよいよ次は夢解読となります。しかしその前に、是非押さえておかねばならないものとして、夢の中での象徴の問題が挙げられます。

たいていの夢占いの本にはシンボル事典なるものが付いていますが、それを見たからといってすぐにその夢が正確に解読されるとは限りません。

むしろ読者は、象徴の複雑さに戸惑ってしまうのではないでしょうか？　象徴と言っても、問題は簡単ではないのです。

象徴は、人間にとって必須で基本的で、広範囲にわたる問題を含んでいます。

例えば、さっと思い浮かべただけでも「そもそも象徴とは何か」「象徴の役割とは」「人間の感情や心は、何故夢の中で象徴といった表現を取るのか」「夢の中の象徴の分類とは」「夢の中の象徴の普遍的意味と個人的意味は」といった問題がただちに浮かんできます。

また象徴は、治癒や自己実現の問題とも絡んできており、この最後の章では象徴について考えてみます。

2 象徴とは？

①象徴の定義

それでは、象徴とは何か、という問題から見ていきましょう。

『広辞苑』によれば、「ある別のものを指示する目印・記号」「本来かかわりのない二つのもの（具体的なものと抽象的なもの）を何らかの類似性をもとに関連づける作用。例えば、白色が純潔を、黒色が悲しみを表すなど。シンボル」「語源であるギリシア語symbolonは割符の意」となっています。

一方、『大辞林』では「直接的に知覚できない概念・意味・価値などを、それを連想させる具体的事物や感覚的形象によって間接的に表現すること。例えば、ハトで平和を表現する類」「記号のうち、特に表示される対象と直接的な対応関係や類似性を持たないものをいう」「芸術において、直接的に表しにくい観念や内容を想像力を媒介にして暗示的に表現する手法」とやや詳しく記載されています。

それでは象徴の象とは何かということになりますが、象とは「姿、形」ということです。

象の語源を探ると、「象」とは、動物の象の象形文字に当たります。古代の中国（殷の時代）には象がいたらしく、おそらくは世界最大の動物であるという認識があり、「世界の万物のすがた・

かたち」を、動物の象で表したとしても不思議ではありません。

筆者は、インドで象に乗りましたが、まさに世界の上にまたがっているというような感覚を持った記憶があります。

では、「徴」とは何でしょう。「微」という文字からきて、微の略体文字に「王」という文字を挿入してできた会意文字で、「隠れたところで微賤なままでいる優れた人材を王が発見することを表している」とされています。

これは何やら中国の殷王の夢を思い出させますが、徴には「何かの兆し」という重大な予言的・占い的意味がこめられているということでしょう。

一方、英語のsymbolは、「象徴、表象」「記号、符号」「信条」といった意味があり、英英辞典を見るとシンボルは、「より広く普遍的な価値や状況を表す人物・事物・出来事」「より限られた特異的な意味を示すサイン・数・文字」となっています。

またsymbolの語源は、「sym（ともに）＋bol（投げる）の合成語」となっており、つながりの意味が強調されています。

このつながりの意味をよりいっそう明確にしているのは、symbolic（象徴的）という言葉が、diabolic（悪魔的、破壊的、バラバラにする）の反対語と位置づけられていることです。この意味で、シンボルとは、つながり↓統合↓全体性↓治癒といった意味を含むように思えます。

なおユングは、象徴を、

「用語や名前や、日常的に親しみのある絵にしても、習慣的で明白な意味に付け加える何らかの特定の含蓄を持ったものである。それは曖昧で、知られざる、私たちには隠された何ものかを包含している」

と定義し、象徴の神秘性を強調しています。

②シンボル・象徴の要約

このようなことから、筆者は、シンボル・象徴について次のように要約的に考えています。

◆シンボルは、象徴と記号の両方の意味がある（ただし、両者を厳密に区別することは困難である。例えばIという数字は、明らかに記号であるが、象徴にもなり得るからである）。

◆象徴は記号（一定の事象や内容を代理・代行して、指し示す働きを持つ知覚可能な事象・対象）よりも、より深い内容を含んでいる。

◆象徴は一般的には、抽象的なもの（純潔、平和など）を具象的に表したもの（白、平和など）とされる。

◆しかし、象徴は多義的で、多様な意味を含み、それは知られざる神秘的なものも包含しているように思える。

◆象徴は、抽象と具象をつなぐといったことに代表されるように、つながり・統合、さらに言うと治癒の意味も有しているように思える（頭痛・発熱・めまい・吐き気・不眠・無気力などの症状を、その患者の歴史や現在の象徴と捉えることで、その患者の治療は大いに進展すると思われる）。

3 象徴の役割

象徴は、人間生活の上でも、治療においても、また心の発達においても、重要な役割を果たしています。

それはすでに述べていますが、今一度、それらを要約的に記してみます。

①対立・矛盾の統合、つながりと全体性の回復、想像力の開発、間接化

ユングは「象徴というものは、心の中における対立を調和させ、再統合させる自然の試みである」と言っていますが、筆者も象徴の第一の役割は「対立物の統合」にあると考えています。私たちの心は、非常に複雑で、さまざまな矛盾に満ちています。

象徴は、その点で、多くの矛盾・対立、例えば、現実と非現実（空想、ファンタジー、想像など）、意識と無意識、具象と抽象、希望と絶望、愛・憎、信・不信、積極性・受動性、外向・内向、前進・停滞、好感・嫌悪、大胆・臆病、自尊心・自己卑下、優越感・劣等感といった対立です。象徴はこれらの複雑な心の一部を具象化することで、人間に智慧の獲得や自己探求に向かわせてくれます。

それ以外に「想像力を豊かにする」「内的なつながりを豊かにさせ、結果として外的なつながりの開発にもなっていく」「直接、激しい情動を扱わずに、象徴という形で間接化してくれるので、それらを扱いやすい」などの利点があります。

②象徴の発達における役割（象徴は繋がり）

葛藤と昇華

人間は生まれおちた時から、すでに、安全・危険、快・不快、満足・不満、愛・憎といったさまざまな矛盾にさらされながら成長していきます。

周知の通り、それらは平坦なものではなく、時として虐待・暴力・圧政・過干渉・威嚇・放置・見捨てられなどの苦しみや恐怖に脅えたり、またそうでなくとも、さまざまな葛藤にもまれながら進んでいきます。

そんな中で、幼少児は、不満・葛藤などに対してさまざまな防衛・対処の仕方を身につけます。この身につけ方が正しければ正しいほど、自由に健康に安らかに生きられるし、逆の場合は「生きにくさ」や地獄の世界がひどくなり、しばしば「生まれてこなければよかった」と感じることさえあります。

このような葛藤・苦しみ・不快など、悪性の出来事（内外の）に対処する一つのやり方として、昇華という現象があります。昇華とは、「一般には認められない衝動や欲求を、芸術活動・宗教活動など社会的・精神的価値を持つものに置き変えて充足すること」を指します。もう少し簡単に言えば、「情動や情念や感情などが、純粋なより高度な状態に高められること」を意味するとも言えます。

人類は、この昇華によって文明を発達させ、生きやすくなってきたと言えます（もっともそんなに単純には言えないという意見もあるかもしれませんが）。

昇華と象徴

精神分析家のメラニー・クラインは『メラニー・クライン著作集1　子どもの心的発達』の中で、この昇華に関連して「象徴は、あらゆる昇華・才能・空想の基礎となる」と述べ、続けて「象徴は、個体の外界や現実一般の関係の基礎となる」と記しています。そして、乳幼児が抱く不安が、象徴形成を通して和らげられ、不安に耐えうる自我発達を可能にするとしています。

またクラインは、ある症例（有名なディック事例）の分析を通して、少年の空想生活や象徴形成の痕跡（遊戯療法の中で、傷ついた貨車が、彼の攻撃対象である母親を意味することがわかったといった点）に触れることにより、彼の無意識に接近することができました。その結果、「彼の潜在的な不安が減少し、ある程度不安を表に出すことができるようになった」と述べています。要するに、攻撃性やそれに伴う不安が、ある表現形式（象徴といった）を見出すことによって、減少するということです。

精神科医の前田重治も、「精神療法の過程において、象徴の解読は困難であるが、象徴を用い、発見し、創り上げることにより、硬直した精神の運動を自由にし、思考・感情・行動の世界を拡大することができる道を開く」と述べています。

これらを総合すると、衝動・攻撃性・不安・葛藤という危険で不快なものは、ある表現、特に象徴表現を見出す・創り上げるということで、世界や他者とつながり、不安を減少させ、治癒を促進させる、ということになります。

筆者は、常々「繋がりは命、交わりは財産」ということを強調してきましたが、その意味で、「葛藤・不安↓象徴形成（適切な象徴表現を見つける）↓葛藤・不安を受け止め、不快感を減らせる↓新たな葛藤・不安に直面できる↓さらに深い広い象徴表現を可能にする↓さらに強い不安にも対処できる」という良循環の形成は、不安が象徴とつながることによって（不安が象徴という財産を生み出すことによって）可能になると思われます。

象徴とは繋がりであり、それでこそ、象徴によって安らぎと治癒が可能になるのです。精神医学者のマルグリート・セシュエーが、統合失調症の少女ルネに行った「象徴的実現」といった治療の営みも、「林檎」という象徴を通しての繋がりが大きかったと思われます。

その意味で、夢は象徴の宝庫です。

とすれば、夢は成長や治癒や繋がりの宝庫であるとも言えますが、私たちはどれほどそれを無駄遣いしているのかと嘆かざるを得ません。

③象徴化について

ところで、ある象徴によって、特定の事象を表現することを象徴化と言いますが、これには三つの次元があります。

第一は、特定の事物、対象に関する表象ないし概念（例えば、桜や白など）によって、特定の事物・対象（日本、平和）を表す場合で、置き換えられる存在（所記）と置き換える表象や記号（能記）の間には何らかの事実関係が認められます。

第二は、比喩的な象徴化であって、内的なもの、目に見える具象的なもの（象徴主義の芸術など）によって内的なものを表現します。つまり、宗教芸術などで見られる象徴化です。

第三は、無意識的表象作用としての象徴化であり、特定の感情・欲動上の価値を特定の表象から、他の対象に関する表象へと置き換える無意識過程によって行われます。

この三つにそう本質的な差はありませんが、第三の次元が夢の象徴化であり、これは、第一、第二の象徴化に比べて解読が難しいし、解釈も多様になります。しかし、それだけにわくわくするような楽しみ（逆に戦慄するような恐怖かもしれない）があります。

④象徴の九つの機能

『世界シンボル大事典』（ジャン・シュヴァリエ他）に象徴の持つ九つの機能が述べてありますので、記しておきます。

「◆未知への探求

◆代用表現としての象徴

◆媒介機能

- ◆象徴と結合力
- ◆治癒機能、教育的機能
- ◆象徴と社会性（象徴を使うことで相手を傷つけることなく攻撃性を出せる）
- ◆生きた象徴、響きの機能
- ◆超越機能（対立する諸力を結集し、意識の進歩に道を開く）
- ◆変圧器機能（人間が電気を使えるようにしてくれる）」

4　夢は何故、象徴の形を取るのか？

ところで、夢の中での、本能・情動・感情・感覚・思考・直観・思想・信条などの心的現象は、何故、象徴の形を取るのか？　言い換えれば、何故、私たちは夢の中の映像などを象徴と見なして解読したがるのか？　という疑問が出てきます。

これは、すでに述べたところですが、今一度整理しておきます。

①フロイトの防衛説

フロイトによれば、夢は睡眠を守る保護機能があるとのことです。つまり、眠ってから潜在意識が活発に動き、激しい情動・衝動（性や攻撃性に関するような）が出てきます。これをそのままにしておくと、人間はその激しさにすぐ目を覚まします。

それで睡眠を守るための一つの策として、本能・衝動・情動などの激しい心的現象を象徴の形を取って和らげようということです。すなわち、欲望や本能の抑圧説が、基本となっているようです。

②ユングの統合説

ユングにとって象徴とは、単なる記号でも寓意でもなく、むしろ「精神の予測しにくい本質をもっともよく指示するのに適したイメージ」です。

つまり、複雑な心的現象、対立し矛盾しあう心を、一挙に全体的に把握するには象徴の形を取るしか仕方がないのです。

③アラン・ホブソンのアット・ランダム説

『心の援助に活かす「夢」の基礎知識』（創元社）で述べた大脳生理学者のアラン・ホブソンは、夢のイメージを、レム睡眠時に、脳幹の神経細胞から群発するランダムな群発放電から生じると考えています。

ホブソンらによれば、ロールシャッハのインクのしみと同じように、イメージそのものには意味がありません。

ただ、高次の脳の働きが下位の脳の働きによって生成されるランダムな信号から、意味を読み取ろうとする努力を反映するのが夢だとしています。人間はイメージを象徴として、何とかストーリーを作り上げるのです。

2 象徴と症状、治癒、自己実現（他者実現）との関係

1 治癒とは自己実現

①症状が無数にあるという現実

ここで、象徴の意義をいっそう明確にするためと、夢解読・夢利用の目的が結局は自己実現の問題に行き着くことを述べておきます。

まずは、象徴と対比して考えられることの多い症状のことから考えていきます。症状に関して言うと、筆者は四十六年間、ほぼ毎日、患者の症状や問題や困難に接しています。彼らの症状は、一人ひとりによってさまざまです。

例えば、過度の不安、動悸・頻脈、呼吸困難、過呼吸、失神、めまい、強迫観念、不潔恐怖、対人恐怖、社会不安、過度の抑うつ、無気力、過度の自己否定、希死念慮、自殺企図、不眠、夜間覚醒、全身倦怠感、離人感、衝動行為、過食・拒食、自傷行為、家庭内暴力、過度の怒り、破壊的行為、困惑、決断困難、昏迷などが浮かんできますが、今挙げたのはごく一端であり、この世には無数の症状があります。

筆者は、この症状の原因が何であるのか常々不思議に思っています。つまり、何故よりによって、この苦痛な症状がこの人に、この時期に、またこういう形の症状を取って現れてくるのかが不思議なのです。

ただ、一つ言えることは、その症状の背後に「自分の思うようにいかない」という事態が大きく横たわっているということです。

②症状の背後にある欲求・煩悩

考えてみれば、私たちは生まれ落ちた時から（ひょっとしたら生まれる以前から）多くの欲求を持たされています。欲求という生々しい表現が嫌な方は、願い・理想・希望・祈りという言い方にしてもいいですが、いずれにしても何らかの方向性を持たされているわけです。

例えば、私は何の欲求も執着も持っていないと言っても、生理的欲求はあるだろうし、またそもそも「何の欲求も持ちたくない」という欲求を持たされているわけです。

そして、そうした欲求はもちろん完全に満たされるわけではありません。一時的に欲求が満たされたような気持ちになったとしても、次にはまた別の欲求（方向性）が生まれてくることになります。そして、現実や他者という壁にぶつかり、欲求不満の状態に絶えずさらされることになります。

その時、人間が「人生は思うように行かなくて当たり前」と心の底、あるいは肉体の底から覚悟できていればいいですが、ほとんどの人間はそういきません。そこで、欲求不満という苦が生じます。

そして、その時でも「人間は欲求が満たされないのが当たり前で、そのため苦しむのが当たり前である」というような一切皆苦を心身の底から覚悟していれば、それ以上苦しむことも少ないですが、そんなことができるのもほんのごくわずかな人でしょう。

さらに「思うようにならないのは当たり前だから、思うようにならない現実を踏まえながら、より適切な行動を取り、より不適切な態度を控えよう」ということを実践できたら素晴らしいですが、これも難しいです。

そして、患者が症状や問題点の除去を願ってやって来る臨床的事態とは、そういうことができず、つまり覚悟ができず、適切な行動が取れず、不適切な行動に走ってしまい、それらの悪循環・負のスパイラルの結果、さまざまな症状という形で固定化され、治療者のもとにやって来ます。だから、精神医学や臨床心理学というのは、「苦悩の病理学」「欲求不満と煩悩の病理学」と言っても差し支えありません。

③治癒と自己実現

それでは、症状で苦しんでいる患者には、とりあえずはどうするのがいいのでしょうか？　患者も治療者も考えやすいのは、症状の消失ですが、症状がその本人の歴史の総決算として現れているので、そう簡単に消せるわけではありません。せいぜい、「症状の軽減」や「その症状とうまく付き合う智慧」を目標にするぐらいです。

もう一つ大事な点は、症状を「悪」とだけ見ずに、そこに象徴的意味を見出せるかどうか、そして「その症状を活かせるかどうか」といったことです。

ここは、とても大事な点ですが、とりあえず患者の治癒に関しては、幾つかの目標を設定・共有する必要があります。

筆者は拙著『難事例と絶望感の治療ポイント』（創元社）で十七の治療目標を提示しました。それは、楽・安らぎ、日常生活能力の回復、身体的健康（睡眠、食欲など）の回復、苦しみ（抑うつ、不安、葛藤など）を受け止める力の開発、自己や他者への理解の増大、適切な自己主張・拒絶能力の増大、自己理解の増大、適切な自己評価、病気の原因理解と再発予防の心構え、異常意識・脱落意識からの脱却、囚われからの脱却とほどほどの執着、適切な自己決断、適切な認知、他者への信頼感・思いやりの回復、自信の回復、自立とほどほどの依存、自己コントロール、自己実現・納得した生活、といった形をとりまとめました。

これらは、全部関連し重なることも多いですが、この中で中心となるのは自己実現です。何故なら、日常生活も自己認識も自己理解も認知も自己主張も自己決断も、すべて自己が行うことだからです。そして「自己が行う」とは、まさに「自己が実現する」ことでもあります。

したがって、治癒とは「自己実現」であり、治療とは「自己実現の援助」とも言えます。そして、先ほど述べた「思うように行かなくても構わないという覚悟」「その現実を踏まえて適切な行動を取ること」も立派な自己実現なのです。

2 自己実現とは？

この自己実現という考えや言葉は、以前からあったようです。つまり、人間はいつも現実の自分を超えて、「真の自分」になろうとしている傾向があり、そうした動きが自己実現、またはそれに関連する用語を発生させていたようです。

ただ、自己実現ということが盛んに言われ出したのは、この百年ほど前からです。それは、自分の「真の生き方」「納得する生き方」を希求する流れが強くなってきたからだと思われます。

筆者は先ほど、自己実現とは治癒のことだと簡単に言いましたが、実は他のいろいろな心理学者が自己実現に関する研究を行っています。ここでは、その中で、ホーナイ、ユング、マズロー、ロジャーズの自己実現に関する見解を述べていきます。

①ホーナイの自己実現

カレン・ホーナイ（1885～1952）は、新フロイト派の分析家ですが、自己実現に関して特に関心を向けていました。

彼女は「人間は、時期が来れば『真の自己』の持つ独自の活力を発揮させるであろう。すなわち、自分自身の感情や思考や願望や興味をはっきりさせ、深め、自分の資質を開発する力や強い意志力を育て、自分に具《そな》わる特殊な才能や天分を伸ばし、自分の意志を述べ、自然な感情でよい対人関係を作っていく能力を発展させていく。全てこうしたことを通して、彼はやがて自分の価値観や人生における目的を見出すことができるようになる。要するに彼は本質がわき道にそれることなく、自己実現に向かって成長していく」と述べています。

彼女によれば、この自己実現傾向は、全ての人間に具わっているとのことです。

ホーナイは「この自己実現推進傾向は、全ての人間に共通な、しかも各個人に独自な成長の深い源泉である、あの中心的な内部の力を指しているのである」と続けています。

ただし、自己実現はいつも可能とは限りません。彼女は「自己実現のためには、それに適した条件が必要である。自分の感情や考えを持ち、思っていることを表現できるような、心に安定感と自由を与えてくれるような温かい雰囲気が必要である」と述べています。

その一方、もし、子どもが環境に恵まれず、基底不安を感じる状況に置かれると、子どもの自己実現は妨げられ、真の自己から疎外された神経症的発達が生じるとしています。

ホーナイに指摘されるまでもなく、私たちの中には常に「真の自己」を目指す「自己実現志向」があると同時に、私たちはそれを妨げる多くの社会的・家族的・対人関係的要因に出合うということになります。そうしたものとの闘い・調整を経ながら、自己実現を目指していくということが課題になるのでしょう。

②ユングと自己実現（個性化）

カール・グスタフ・ユング（1875〜1961）は、ホーナイより前の一九一六年に、「無意識的自己の自己実現への道」という形で自己実現という言葉を使っています。ただその後、彼は自己実現という用語の代わりに「個性化」という形で、自己実現とほぼ同じ内容のことを述べています（晩年の『ユング自伝』では再び「私の一生は無意識の自己実現の物語である」と、また自己実現という言葉が復活している）。

ユングは、その個性化について次のように述べています。「個性化とは、個体になることである。そして、個性が我々のもっとも内部の、最終の、比類なき独自性を包含する限り、個性化とは、我々が自己自身になることである。だから、我々は個性化を自己自身になること、すなわち自己実現と言い換えうるのである」としています。

そして続けて、「生命はすべて個性化に向かう本能を持っている。本能とは衝動でありリビドーである。……それは、人間のみならずすべての生命に潜在しているのである。……人間は自己実現の衝動によって、自然に自分自身になるように駆り立てられていく。そこで人間は、彼自身がそうであろうとするものになる過程を妨げるような障害や禁止がない限り、もっとも確実に、彼自身の持っているような形態へと成長していくようになる」としています。

このようにユングの言う個性化とは、まさに個人が自分自身になること（ホーナイの言う「真の自己」）と言えるでしょう。

ユングの言う「自己」（セルフ、self）については、少し説明が必要です。

ユングは、フロイトとは異なり、意識の主体としての自我（ego）を魂（soul）の中心にはおかずに、自我と個人的無意識並びに集合的無意識（普遍的無意識、元型）を包含した総体としての自己（self）を中心に考えます。だからユング心理学は、「セルフ心理学」と言ってもいいかもしれません。

そしてユングによれば、「自己は自己実現の衝動によって駆り立てられていますが、その間に、意識と無意識の間に相補関係が見られ、個人的無意識の解明とともに、さらに深い集合的無意識（普遍的無意識）から現れるアニマ、女性におけるアニムスをはじめとして、童児、母、老賢者、動物などの元型や象徴のイメージが夢などにより内的に体験され、その時の魂の状態を認知させてくれるとともに、個性化の衝動は方向性を与えられ、魂はそのたびに変容をとげる」ということです。

しかし自己実現の道は険しく、一方において、外からの集合的無意識（普遍的無意識）によって作られるペルソナ（仮面、見せかけの自分）に偏向せず、他方、内からの原初的な、集合的無意識（普遍的無意識）による像にも圧倒されないことが厳しく要求される、ということです。

ユングの自己実現・個性化は、ホーナイのそれとあまり変わらないように思われます。要するに社会的・外面的にも適応できますが、自分の内面のセルフも大事にし両方を統合し、全体性を常に目指していく過程のことを言うのでしょう。

つまりは普通の人間であると同時に、自分がユニークな人間存在であることに気づくということです。ユングは、そうした個性化に役立つものとして、夢・イメージ・象徴などの重要性を強調する点に特徴があります。

③マズローの自己実現

アブラハム・マズロー（1908〜1970）は、人間性心理学を唱えたアメリカの心理学者です。彼は自己実現を概念としてもっとも明確に取り出し、自らの心理学の中心概念として展開しています。

マズローによれば、人間の欲求には、欠乏欲求と成長欲求の二種類があるとのことです。欠乏欲求は食欲、性欲、排泄、睡眠、休息などの生理的欲求と、安全、所属、愛情、尊敬などへの社会的欲求とがあります。これらの生理的・社会的欲求は、有機体として欠如している経験として感じられ、また健康のためには主体以外の外部の人間から満たされなければいけません。こうした欠乏欲求は、生存と健康のためには必須のものです。

成長欲求は欠乏欲求に還元されませんが、これが満たされて初めて人間は活性化されるとしています。そして、自己実現とは、この成長欲求に特に関係づけられ、可能性の絶えざる実現、使命の達成、個人自らの本性の認識と受容、人格内の一致、結合、共同動作などへと向かう絶えまない動きとして定義されます。マズローの言う自己実現も、ホーナイやユングの自己実現とさして変わりませんが、彼は人間の欲求を、生理的欲求、社会的欲求、成長欲求というようにヒエラルキーをつけたところに大きな特徴があると言えます。

彼はこの成長欲求・自己実現欲求を思弁だけではなく、実際に現実の人間を調査して発見していったことに意義があります。そして、自己実現を達成した人には、至高体験・頂上体験が見られ、これらはトランスパーソナル心理学（超個人心理学）へと受け継がれていきます。

④ロジャーズの自己実現

カール・ロジャーズ（1902〜1987）は、「クライエント中心療法」の提唱者で、カウンセリングを発展させ、日本のカウンセリング界にも深い影響を与えた人物です。

彼も自己実現には深い関心を持ち、『人間の潜在力』の中で「私は人間に内在する自己実現傾向を基本的動因と見なす」「有機体の行動は、刺激が内発的であっても外発的であっても、環境がよくても悪くても、自己を維持し、高め、内の一致、統合、共同動作などへと向かうたえまない傾向として定義され、至高経験において、一時的に自己実現者の特徴が見られるとしている。再生産する方向にあると見なされるのである」と述べています。

ロジャーズはマズローと違って、ヒエラルキー的なモデルに従って生理的欲求及び社会的欲求から自己実現欲求を区別することをせず、それを有機体に固有の傾向、つまり自己自身を維持し、成熟を目指して動き、より大きい自治と自己制御と自律を目指す完全に無意識的な有機的過程として理解しているようです。

それゆえ彼は、有機体のそのような傾向を実現傾向と呼び、一方、有機体の経験のうち自己というものに象徴される部分を実現化することを自己実現傾向と呼びました。

3　自己実現を妨害するもの

今、例として四者の自己実現に対する考えを紹介しましたが、多少の違いはあっても、四人ともほぼ同じことを述べている、と筆者には思えます。

ただ、自己実現の傾向がいくら自然で内発的と言っても、それは多くの妨害に囲まれていますし、簡単なものではありません。

この自己実現を妨害するもの、すなわちそれは心の病の原因と言ってもいいのですが、それはどんなものなのでしょうか？

一番大きいのはおそらく、心の対立・分裂・解離と、それらに対する無自覚・否認・回避であろうと思われます。私たちの心は、絶えず分裂しています。非常に簡単なものから考えても、活動したい気持ちと動きたくない気持ち、働きたい気持ちと休みたい気持ち、人と会いたい気持ちと避ける気持ちといったように、常に対立が無数に生じています。

さらには、「したい・したくない」という対立だけでなく、いろんな欲求があって自分の心の分裂が絶えず生じています。こういうものは普通、迷い・逡巡・葛藤と呼ばれ、それは自動的に人間に不快感を生じさせ、この対立・分裂が大きくなればなるほど、苦しみ、悩みは深くなります。すなわち先述したような「自分の思い通りにいってほしい気持ち」に引き続く「思い通りにいかない苦しさ」にぶち当たるのです。

この時、こうした苦しみ・葛藤を受け止めきれず、圧倒されてしまうと自己実現は妨害されてしまいます。

ここで、強調しておきたいのは、苦悩や葛藤は自己実現や創造の源泉であって、決して否定すべきものではありません。ただ、それが過剰になり過ぎたり、受け止めきれないことが問題なのです。

4 自己実現を助けるもの

①受け止めるとは

逆に言えば、対立・分裂・葛藤・苦悩を受け止めていくことが、自己実現と言えます。では、どうすれば受け止めていけるのか？　ということが、ただちに問いとなって現れます。

その問いに答える前に、「受け止める」とはどういうことなのかを考えてみましょう。「受け止める」とは、次のようなことが基本と言えるでしょう。

◆葛藤・苦悩に向き合い、それがどんなものか観察していこうとすること。
◆葛藤・苦悩の原因・背景・歴史を探ろうとすること。
◆それらを異常なものとするより、人間として当然の現象で、人間だからこそ生じるものだと認識できること。

さらには、「それらの葛藤・対立が統合されること」「対立を超えて新しい段階に超越すること」も受け止めることでしょう。それは超越・再生だけではなく、新しい価値の創造でもあります。だから、自己実現とは、統合・全体性の獲得・新生・超越とも言えるのであり、治療目標でもあります。

②受け止めを助けるもの

そして、このような「受け止め」「自己実現」を助けるものとしては、①心身の生理的条件が整っていること（十分な睡眠、健康な身体）、②必要なゆとりがあること（最低限の休養）、③問題に向き合おうとする意志・自覚、④理解者・支持者（家族・友人・パートナー・治療者など）の存在が必要なのでしょう。

5　自己実現は他者実現（世界実現・関係性実現）

ただ間違ってはならないのは、自己実現は利己主義ではないということです。河合隼雄が「自分の自己実現ほど他者にとって迷惑なものはない」と皮肉ったように、自己実現を目指そうとして一直線になると非常に勝手な振る舞いが起きてしまいます。

例えば、ある四十代のインテリ大学教授が、配偶者に「少しは皿洗い手伝ってくれない。私、疲れているから」と言われた時、「うるさい。僕は今、自己実現に関する本を読んでいる最中だ。自己実現という、こんな貴重な仕事を今放棄できるか」と答えたようなものです。

この教授は、自己が他者と関係して生きていること、自己は他者との関係性の集合であること、もっと言えば自己は「他者の集合体」でもあることを忘れています。

つまり、自己が実現するとは、他者と関係する自己が実現すること、すなわち配偶者と皿洗いをして配偶者との共同作業をすること、配偶者というもっとも大事な他者に喜んでもらうことこそ一つの自己実現なのです。自己実現と言っても、大げさなものではありません。日常の営みそのものが自己実現なのです。

道元は、神通力のところで千里眼といった超能力的なことは小神通力であり、洗面や食事といった日常の動作そのものが大神通力であると言ったことを思い出させます。

それから言えば、自己実現とは日常性の実現であり、また自分と関係する世界との実現でもあると言えます。

6　象徴と自己実現

それでは最後に、象徴と自己実現について述べておきます。自己実現は、絶え間ない過程です。それは人間が生きている限り、どうしても分裂や対立・葛藤といった苦悩に出合うことと同じで、その苦悩や葛藤の解決を目指すところに自己実現が生ずると言えます。つまり、生存・葛藤・苦悩・自己実現は一つのセットです。そして自己実現が一つ達成したように見えても、生存を続ける限り、それらのセットは永遠の繰り返しを続けるのでしょう。

葛藤・苦悩に置かれた場合、そこからなかなか出られず、行き詰まったり、袋小路に陥ることが多いです。それでもその葛藤を抱えたままでそこから目をそらさずにいると、夢、象徴、イメージの形で、一つの方向性が示されることがあるのです。

事例N　行き詰まった学者の自己実現

（四十八歳・男性）

本を書くことが好きな学者が最近いいものが書けず、また今取り組んでいる著作に難渋している時に見た夢は印象的でした。彼の夢は、次のようなものでした。

「友人に活動的でクライエントも多く儲けているが、いささか無責任な弁護士がいる。その弁護士のもとには絶えず苦情の電話がかかってくるが、彼や彼の事務員はそれをかわしている。ある時、真面目で賢い青年が、父の殺人事件の処理を巡っての依頼をしてきて、その友人は例の通り、安請け合いをした。

しかし、なかなか作業が進まず、青年が追及してきた。その青年の追及は厳しく、逃れられるようなものではなかった。友人の弁護士は、夢見手に助けを求めてきた。夢見手もどうしていいかわからず逃げようとした。

なかなかタクシーが捕まらずやっと見つけたと思って乗り込んだら、多くの警官や見物人に取り囲まれて、重要参考人として警察署に友人と夢見手は連れて行かれた。ただ、取り調べか裁判が終わった後、あるきれいな神殿のようなホールに、青年、弁護士、夢見手の三人が純白のスーツを着て話し合っている。

青年は、『父の死体は見つかり、犯人は検挙され無事解決しました。私はあなた（弁護士）の教

育に来たのでしょう』と言った。夢見手は、ほっとする気持ちであった」

共同連想

「友人の弁護士は自分の分身で、一生懸命に安手の本ばかり書いている自分だと思う。人生論や若者の生き方、中年からの自己実現とか偉そうに書いているが、あまり実体験に根差したものではなかった。事実、読者や周りから深みに欠けるという批判が出てきていたが、誤魔化したり無視していたのだと思う。だからこの弁護士は、無責任に著作を大量生産して読者を惑わす自分を象徴しているのだろう。

　青年は、そんな外面的な利益・欲求ばかり求める自分に対して、もう少し足下を見て真実の自分や自分自身の生活を見直せという形で登場してきてくれたもので、真の自己の象徴かもしれない。自分はそういう真実の追及を恐れて逃げようとしたが、とても逃げ切れるものではない、逃げるといっそう大恥をかくということがわかった。

　事件が『父親殺し』になっていたのは、自分の父に対するコンプレックスだと思う。父は大学者でたくさんの著作を著したが、いずれも深みのあるものばかりで、自分はひどい劣等感に苛まれ、安易な本を大量生産していたのだと思う。そこそこ売れていたのでいい気になっていたが、これは亡き父の名声が後押ししてくれていたに過ぎないような気がする。その父が殺されるということで、いつまでも父に頼っていてはいけない、と言われている気がする。この父親殺しは『父からの自立』の象徴だと思う。

それから、事件解決の後、三人が純白のスーツになっていたのは、煩悩の穢れを取って、真っ白なキャンバスに自分の人生を書き込むといった『真新しい気持ちの出発』の象徴かもしれない」といった内容の連想が得られました。

そして、実際、彼は今書きかけの著作を中断し、自分の人生、生活、対人関係などを見直し、地に足の着いた生活を模索する（驚いたことに今まで無縁だった料理、家事、家庭菜園などを始めたりしている）ようになりました。

そして「今までは、とにかく本を書く、論文を発表するといった外的な業績作りばかりしてきましたが、今はゆとりを持って自分の人生を組み立て直しています。自己実現の本を書いていた時より、よっぽど今の方が自己実現を行えているし、パートナーをはじめ周りとの対人関係もよくなっている」と述懐しています。

このように行き詰まった時、追及する青年、父の殺人事件、純白といった象徴が行き詰まりの打破のように出てくるのは本当に不思議なことです。

この事例は比較的ありふれた例ですが、これに限らず、今まで紹介した夢の例、特に臨床例のところで出した事例はすべて自己実現例と言えるでしょう。

7 象徴や自己実現は至るところにある

それから、象徴は何も夢からとは限りません。先に挙げた、病気の症状も立派な象徴であるので大事に取り扱わなければなりません。

もちろん、詩や小説、絵画・音楽などの芸術作品も立派な象徴ですが、私たちのごくささいな日常の動作（食べる、歩く、話すなど）や日用品（椅子、机、服など）も大事な象徴です。

ただ、何もかもが象徴と言うより、より象徴的な象徴は「私たちの心を揺り動かす」「未知の世界への扉を開いてくれる」「新たな段階への超越を感じさせてくれる」体験をもたらしてくれるものだろうと思われます。

そうした象徴と出合うには、心や魂が開かれている必要があります。その意味では、治療者の役割は、患者の心をそっと開ける、あるいは彼らの開く力を引き出すといったことになるのでしょう。

いずれにせよ、夢だけが象徴をもたらすのではありません。夢だけにこだわると、「夢の本質」を見失い、せっかくの夢を大事に扱えないことにもなりかねません。

また、自己実現は、一般に長く続く個性化の過程と考えられているようですが、筆者はそうは思いません。

一期一会という言葉にも代表されるように、一つの体験そのものが生涯ただ一度きりの貴重な体験であり得る時もあるのです。すなわち、瞬間の自己実現ということもあり得ると思います。その意味で、自己実現は一瞬一瞬、間断なく続き、それはひょっとしたら死後の世界にまで至るものかもしれないのです。

あとがき

書き終えてつくづく感ずることは、夢の不思議さです。

私にとって夢はまだまだ謎だらけです。もっとも不思議なことの一つは、思ってもいないことを夢に見たり、夢の持つ迫真性です。危険な夢を見て「ああ、夢でよかった」と思う時もあれば、逆に「何故醒めてしまうのか。もう少し続きを見たい」と感じる時もしばしばです。

ただ言えるのは、劇的な夢にしろ危険な夢にしろ、夢の中で一生懸命になっている姿は後で振り返ると、微笑ましいものです。それとドラマチックな夢であればあるほど、すがすがしい気持ちにさせられ、「よく寝たな」という清涼感が得られ、心身のすがすがしさを感じさせてくれます。夢を通じての「死と再生」とは、こういうものかと実感します。

面白いことに、何らかの縁か共時性か、コンステレーション（布置）なのでしょうか、このあとがきを書き出したのと相前後して「伊賀への思い、あれこれ」の執筆を、伊賀在住の文筆家の方から依頼されました。

それで伊賀への思いを綴っていると、当然、松尾芭蕉に出会います。その芭蕉ですが、何と夢の句をたくさん作っていることを知り、びっくりすると同時にとても嬉しくなりました。芭蕉の夢と言うとすぐに辞世の句「旅に病んで夢は枯野をかけ廻る」が出てきますが、それだけではなく「夏草やつわものどもが夢の跡」「馬に寝て残《ざん》夢《む》月《つき》遠《とお》し茶のけぶり」「蛸壺やはかなき夢を夏の月」「餅を夢に折りむすぶ歯朶《しだ》の草枕」「夢よりも現《うつつ》の鷹ぞ頼もしき」というように夢の句や夢に掛けたと思われる「起きよ起きよ我友にせんぬる胡蝶」（荘子の夢蝶の故事）といった句も結構あります。

夢そのものに関しても、一見識あるようです。「嵯峨日記」にも、「心神相交時は夢をなす。陰尽きて火を夢見、陽衰えて水を夢見る」と述べ、沈中記（邯鄲の夢）、槐安国（蟻の夢）、荘周夢蝶に関心を持っていたようです。

面白いのは、「閑居の箴」で「酒のめばいとど寝られぬ夜の雪」の句です。芭蕉は不眠症で悩んでいたのでしょうか。でもアルコール依存にならなかっただけまだましだと思います。もっともアルコール依存症になるほどの金がなかったのかもしれません。でも弟子がずいぶんいて指導料をしっかりもらっていたような気がしますが、いずれにせよ、お酒に溺れずに創作に打ちこんでくれたのは幸いでした。

芭蕉は、このように夢だけでなく、酒と夜と睡眠に関する句が多いようです。いずれも夢まぼろしに縁があります。私の一人合点でしょうが、芭蕉を「夢の詩人」と呼んでおきたい気がします。

ここで、夢そのものに話を戻します。夢の不思議さと神秘に満ちている点は先程述べましたが、何故夢は治療に役立つかということです。

第一は、夢が存在するということそのものにあります。人間は、絶望しても夢に希望を見出すという以前に、夢という「第二の現実」（ひょっとしたら第一の現実かも）に支えられているのです。

第二は、夢によって、溜まりに溜まっている澱《おり》を吐き出させてくれ、清浄にさせてくれます。

第三は、夢を思い出そうとする努力を通して、記憶力の開発や表現力の増大に寄与してくれます。

第四は、夢の不思議な点ですが、全貌を現さずにちらっと見せてくれる点です。夢の恐ろしさは、本事例のＬに明確に表されていますが、夢さんは「自分の全部を知られたくないが、少しぐらいは知ってほしい。仕方なしにほんの少しだけ、匂わしてみよう」「でも乱暴な形で知られるのは嫌」という気持ちでいるようです。「ずかずか入り込むのは止めて」

と言っているようでもあります。おそらく夢見手も同じ気持ちなのでしょう。上手な夢分析家は、その点に通暁し、夢や夢見手と波長を合わせながら、夢見手がもっと知りたいと思う時は夢分析を進め、夢見手が危なそうになったり、これ以上進むのをためらう場合には控えて様子を見ることに長けています。

しかし、夢は夢見手の思惑を越えて暴走することがあるので、これも気をつけねばなりません。ただ、いくら気をつけてもどうにもならない場合がありますので、とても夢分析は怖いのです。

いずれにせよ、こうした丁寧で精妙な夢分析の結果、「知られたくはないが、明らかにすることで、曇りなく解明された真実」は夢見手の役に立ちます。真の現実に触れることで夢見手の心は、嵐の後の静謐さのような、至上の平安を取り戻し、前を向くなり、適切な行動が取れるからです。

夢は、人間を変容させ、治癒に導く力を持っています。もちろん、そうは言っても夢を利用できずにつまらない人生を送ったり、「貪りの夢」に嵌まってしまい身を破滅に導く場合もあるので、お金や酒などと同じく本人の使い方次第でしょう。またいくら注意しても、事例Lに見るような夢の恐ろしさもあります。

最後にフロイトもユングもともに、最大の夢分析家ですが、フロイトは夢を素材に徹底的に分析しようとした「夢の顕微鏡」を発明した人で、夢の目的に重点を置いたユングは「夢の望遠鏡」を作った人のようです。

コロナにて惑うて気づくは五月かな庭の草木を蝶は舞うなり

二〇二〇年五月五日

平井孝男

引用・参考文献（本書は学術書ではないので、文献は最小限に留めました）

・平井孝男『心の病いの治療ポイント』創元社、1989
・平井孝男『境界例の治療ポイント』創元社、2002
・平井孝男『うつ病の治療ポイント』創元社、2004
・平井孝男『カウンセリングの治療ポイント』創元社、2005
・平井孝男『難事例と絶望感の治療ポイント』創元社、2008
・平井孝男『統合失調症の治療ポイント』創元社、2015
・平井孝男『心理療法の下ごしらえ』星和書店、2014
・S・フロイト『夢判断フロイト著作集2』（高橋義孝他訳）人文書院、1968
・G・G・ユング『分析心理学』（小川捷之訳）みすず書房、1976
・G・G・ユング『無意識の心理』（高橋義孝訳）人文書院、1977
・G・G・ユング『ユング夢分析論』（横山博監訳、大塚紳一郎訳）みすず書房、2016
・東山裕久『夢分析初歩』ミネルヴァ書房、1993
・松田英子『夢と睡眠の心理学』風間書房、2010
・M・ポングラチュ、I・ザントナー『夢の王国』（種村季弘他訳）河出書房新社、1987
・パトリシア・ガーフィールド『夢クリニック』（花野秀男訳）白揚社、1984
・J・アラン・ホブソン『夢に迷う脳』（池谷裕二監訳）朝日出版社、2007
・カレン・ホーナイ『自己実現の闘い』（対馬忠監修、藤沢みほ子他訳）アカデミア出版会、1986
・A・H・マズロー『人間性の心理学』（小口忠彦訳）産能大出版部、1987
・カール・ロジャーズ『人間の潜在力』（畠瀬稔他訳）創元社、1980
・藤田真理『自分さがしの夢占い』西東社、2010
・白井小夜子『深層心理　夢占い』池田書店、2006
・ルネ・ヴァン・ダール・ワタナベ『ルネの夢解き事典』説話社、2001
・梶原まさゆめ『梶原まさゆめの夢占い』主婦の友社、2008
・武藤安隆『ズバリ的中　夢占い事典』日本文芸社、1994
・ジリアン・ホロウェイ『夢のカルテ』（柏倉美穂訳） ディスカヴァー・トゥエンティワン、2008
・ヒュー・リン・ケイシー他『エドガー・ケイシーの夢解釈の本』（大西憲訳）たま出版、1994
・トム・チェトウィンド『夢事典』（土田光義訳）白揚社、1981
・トニー・クリスプ『最新夢辞典』（相馬寿明訳）どうぶつ社、1997
・ベティ・ベサーズ『ドリーム・ブック「夢」のシンボル辞典』（坂内慶子訳）中央アート出版社、1992
・マーク・サーストン『夢判断入門』（住友進訳）中央アート出版社、2004
・パトリシア・ガーフィールド『夢でわかる本当のあなた』（村上彩訳）角川書店、2002
・ジャン・シュヴァリエ他『世界シンボル大事典』（金光仁三郎他訳）大修館書店、1996
・アト・ド・フリース『イメージ・シンボル事典』（山下圭一郎他訳）大修館書店、1984
・ユージン・ジェンドリン『体験過程と心理療法』（村瀬孝雄訳）牧書店、1966
・メラニー・クライン『子どもの心的発達（メラニー・クライン著作集1）』（西園昌久他訳）誠信書房、1983
・ガストン・バシュラール『水と夢』（小浜俊郎他訳）国文社、1969

◈ 著者紹介 ◈

平井孝男（ひらい たかお）

精神科医・臨床心理士
1949年、三重県上野市に生まれる。
1974年、金沢大学医学部を卒業後、大阪大学医学部附属病院精神科、大阪逓信病院神経科、仏政府給費留学、榎坂病院、淀川キリスト教病院精神神経科を経て、1991年4月、平井クリニックと新大阪カウンセリングセンターを開設。現在、平井クリニック院長、新大阪カウンセリングセンター長。

著書
『心の援助に活かす 「夢」の基礎知識』『心の病いの治療ポイント』『境界例の治療ポイント』『うつ病の治療ポイント』『カウンセリングの治療ポイント』『難事例と絶望感の治療ポイント』『統合失調症の治療ポイント』『心の援助にいかす精神分析の治療ポイント』（以上、創元社）、『心理療法の下ごしらえ』（星和書店）、『仏陀の癒しと心理療法』（法蔵館）、『治療者ユングから学んだこと』（朱鷺書房）、『治療精神医学』（共著、医学書院）、『精神病治療を語る』『分裂病者の社会生活支援』（以上、共著、金剛出版）、『癒しの森』（共著、創元社）、『心理臨床におけるからだ』（共著、朱鷺書房）など。

連絡先
平井クリニック　大阪府大阪市東淀川区西淡路1丁目16－13 新大阪MFDビル 2階
TEL06-6321-8449　FAX06-6321-8445
新大阪カウンセリングセンター　住所同上　TEL06-6323-2418

夢《ゆめ》分析《ぶんせき》の治療《ちりょう》ポイント
心《こころ》の病《やまい》に苦《くる》しむ人《ひと》に役立《やくだ》つ実践《じっせん》と事例《じれい》

2020年6月30日　第1版第1刷発行

著　者　平井孝男
発行者　矢部敬一
発行所　株式会社　創元社
本　社　〒541-0047　大阪市中央区淡路町 4-3-6
TEL.06-6231-9010（代）　FAX.06-6233-3111
東京支店　〒101-0051　東京都千代田区神田神保町1-2　田辺ビル
TEL.03-6811-0662（代）
https://www.sogensha.co.jp/

印刷・製本　株式会社　太洋社

ISBN978-4-422-11742-3 C1011